职校学生职业生涯规划与就业指导

主　审　　刘永文　唐光建

主　编　　李存留　谭　化　樊　燕

副主编　　林　敏　谯　利　亢　华　郭小祥

　　　　　雷兴华　钟光驰　程昌菊

参　编　　田晓庆　陈雪梅　张　敏　钱　进

　　　　　杜华平　秦海英　向　勇　谢　红

　　　　　周开彦　李玮隽

电子工业出版社

Publishing House of Electronics Industry

北京·BEIJING

内容提要

本书通过对职校学生面临的就业环境和就业形势的分析,按照职校学生就业需具备的知识和能力的要求,结合当前职校学生的实际情况编写而成。正文主要内容包括就业与职业、职业素质、职业生涯规划、就业心理、初涉职场、做企业最喜欢的人六大部分。为了提高学生学习的积极性,增强学生对知识的掌握和运用能力,文中配有图片、课堂讨论和课后思考题,有些章节还设有拓展阅读、小故事等。本书旨在帮助职校学生提高职业素质,树立正确的就业观,根据自己的职业生涯规划,用良好的就业心理去实现就业,走上并适应心仪的工作岗位,通过自身的努力,成为企业最喜欢的人。

本书供职校学生和教师使用。

图书在版编目(CIP)数据

职校学生职业生涯规划与就业指导 / 李存留,谭化,樊燕主编. —北京：电子工业出版社,2021.2

ISBN 978-7-121-40512-9

Ⅰ.①职… Ⅱ.①李… ②谭… ③樊… Ⅲ.①职业选择—中等专业学校—教材 Ⅳ.①G717.38

中国版本图书馆 CIP 数据核字(2021)第 013342 号

责任编辑:崔汝泉　　特约编辑:陈　迪

印　　刷:湖北画中画印刷有限公司

装　　订:湖北画中画印刷有限公司

出版发行:电子工业出版社

　　　　北京市海淀区万寿路 173 信箱　邮编　100036

开　　本:787×1092　1/16　印张:9.25　字数:252 千字

版　　次:2021 年 2 月第 1 版

印　　次:2023 年 1 月第 5 次印刷

定　　价:35.00 元

P reface 前言

在职业教育中,坚持用习近平新时代中国特色社会主义思想铸魂育人,全面贯彻党的教育方针,落实立德树人的根本任务,加强对学生的就业指导,鼓励和引导广大职校学生树立正确的、科学的就业观,促进其顺利地实现从学生到职业人的转变,成为德、智、体、美、劳全面发展的社会主义建设者和接班人,是职业学校肩负的重要历史使命。

对于职校学生而言,他们正处于由学生向职业人转变的关键时期。即将步入社会的他们,面对日益严峻的就业形势,对自己、对职业、对社会的认识往往不够。在就业过程中,部分学生时常感到迷茫而不知所措。这时,如果能够帮助他们解决心理上存在的问题和障碍,正确地引导他们树立科学的就业观,掌握基本的应聘技巧,对他们今后的成长和成才,将有着十分重要的意义。

如何让职校学生客观地正视自己,面对职场和社会?怎样帮助学生找到适合自己的理想职业?怎样使学生在职业活动中成长和成才?这些一直是我们研究和探讨的课题。如何编写适合当前职校学生职业生涯规划和就业指导的教材也成为我们研究和探讨的课题。

2012年8月,为了适应教学的需要,我们编写了一本《就业指导》。为了更贴近日益变化的社会实际,增强该书的实用性,我们邀请并联合了重庆市渝北职业教育中心等多所职业学校、重庆力帆集团等多家企业共同参与编写,并得到了相关领导的大力支持。他们过去的努力,为我们今天的改编铺平了道路,在此表示衷心的感谢。

日月如梭,随着我国经济社会的快速发展,学生心理、就业形势等都出现了诸多变化,原有的教材出现了明显的局限性。因此,我们决定对原有教材进行改编,删除过时的内容,增加新内容。通过改编,教材更符合职校学生的特点,更加实用。

本书的主审、主编、副主编和参编,都是长期从事学生就业指导工作的专家和工作人员,非常了解广大职校学生的就业现状及在就业过程中存在的问题。本书是编者对多年实践经验的概括、总结和提炼,是辛勤劳动的结晶。由于水平限制且编写时间紧,书中难免存在不足之处,敬请各位读者在使用过程中提出宝贵意见,以便在修订时改正,使之日臻完善。

编者
2020 年 11 月

目 录

Contents

第一章　就业与职业

　　现代职业教育是为培养人的终身发展服务的。从根本上说,学校对学生的就业指导为学生全面发展和终身发展奠定基础,是为了促进和实现学生的有效就业和生存发展。

　　在漫漫的人生长河中,就业是人们谋求生存和发展的基本手段。有人认为职业就是事业,也有人把职业当作婚姻来经营。其实,一名优秀的职业人一定是把职业当作事业来对待的。

第一节　就业与就业指导

一、就业的含义与基本特征

(一)就业的含义

　　所谓就业,一般而言,是指劳动者同生产资料相结合,从事一定的社会劳动并取得劳动报酬或者经济收入的活动。从含义来看,就业应具备三个基本条件:一是要从事社会劳动;二是要得到社会承认;三是要有报酬或者收入。凡具备这三个条件者,就算已经就业;凡不具备这三个条件者,如从事家务劳动的妇女、在校学习的学生等,都不算进入就业行列。

(二)就业的基本特征

　　就业是一个十分复杂的社会、经济问题,有以下最基本的特征。

　　1. 社会性

　　劳动者和生产资料是构成就业的基本要素,两个基本要素相结合,便构成生产关系,而生产关系就是一种社会关系。就业总是要受到社会关系的推动和制约的,总是要与社会的现状和发展紧密相连的。职校毕业生步入社会、走上工作岗位后,在参与价值创造的社会实践活动中,个体的社会性得到了充分体现。同时,社会的现状和发展也会为其以后的工作及发展提供多种条件或产生种种限制。

　　2. 经济性

　　对社会而言,就业活动在宏观上要求尽可能地、充分合理地利用社会劳动力资源和生产资料资源,实现二者的最佳结合,以生产出尽可能多的物质财富和精神财富,推动经济发展,促进社会进步。对劳动者个人而言,就业不仅是实现自身社会价值的基本手段,更重要的是获得物质生活资料、维持生存、改善生活质量的主要途径。可以说,经济性就是就业的物质属性。对职校毕业生而言,从某种意义上讲,只有实现就业,才意味着能够获得物质生活资料,才意味着能够维持生计,从而不断地满足自身的物质和文化生活的需要。

3.计划性和合理性

劳动者和生产资料的结合不是任意进行的,而是按一定的计划和比例来进行结合的。其结合的方式取决于生产关系,其结合的比例取决于生产力的发展水平,计划和市场是实现这种合理比例的两种手段。

4.变动性和相对稳定性

随着生产力水平的提高和社会分工的不断发展,劳动者就业岗位的变换越来越频繁,特别是经济结构、产业结构的变化,常常使劳动者从一个岗位转向另一个岗位,从一个部门转向另一个部门。这种变化在现代社会是不可避免的,也就是说,学生毕业时找到的工作部门和工作岗位,在今后是有可能发生变动的,学生应该有这方面的心理准备。由于就业是劳动者与一定生产资料的结合,具体的就业岗位对劳动者总有具体的文化、技术的要求。要提高结合的效率,创造出更多更好的物质财富和精神财富,就要不断地提高劳动者的业务素质,尽可能地把劳动者稳定在一个岗位上持续地工作,也就是说,就业本身具有一定的相对稳定性。

二、职校学生的就业形势及存在的问题

职校学生的就业形势总体向好,绝大部分职校毕业生都能比较顺利地就业,但随着职校的扩招,毕业生人数持续增加,再加上2020年"新冠肺炎疫情"对经济的影响,就目前来看,就业竞争有一定的加剧趋势。

在这种就业形势下,经我们调研发现,职校部分学生在就业、择业方面常常存在以下问题。

1.就业求职准备不足,缺乏对自身、职业和社会的正确认知

职校毕业生由于年龄较小,对社会接触偏少,缺乏对社会职业状况、人才市场需求情况、个人择业目标以及自己适合干什么、能干什么等方面的正确认识和了解。为了就业,有的学生无心做毕业实习和毕业设计,四处出击;有的学生将就业推荐表、求职信到处投递;有的学生择业目标不明确,求职时处于焦虑、失落、困惑之中。因此,如果学校不对学生予以正确引导,当学生离开学校去求职时,面对纷繁复杂的社会,往往会感到茫然,不知所措。

2.不适应从学生到员工的角色转换,不适应从安逸到劳作的环境转换

部分学生从小到大已经习惯了轻松的学习生活,养成了依赖心理和自律不严的习惯,而工作之后,身份转变了,环境改变了,必须严格遵守单位的规章制度,担负起员工的责任和义务。从学生到员工,从宽松的学校环境到严格的工作环境,很多学生一开始可能很难适应这些转变。有的学生对此精神压力很大,甚至管理人员一个不经意的眼神就会让其崩溃。有的学生甚至认为社会是冷酷的,人与人之间是无情的,很容易产生悲观失望的情绪而"打退堂鼓"。

3.人云亦云,盲目从众

有些职校学生思想不成熟,缺乏独立思考和处理问题的能力。在选择职业和应聘求职时,他们往往忽视自身的个体差异,不会客观地分析自身的专业基础、经济状况等因素,盲目跟风,随波逐流,做出不切实际的从众行为。如某同学因某种原因不愿去某单位工作,有的同学便会说"某某不去,我也不去"或者"某某都辞职了,我也不干了"。

4.眼高手低,期望值过高

在择业时,有的学生过分看重地域和行业,过分注重职业能否符合自己的兴趣爱好,忽视了作为职校学生自身具备的条件;有的学生就业期望值过高,总想迈大步,走上管理岗位,而不愿从基层做起;有的学生不愿吃苦,只想做轻松、体面、环境好的工作;有的学生抱怨工资待遇低,一味追求高薪酬。

三、就业指导

(一)就业指导的含义

就业指导,在英国和美国称为职业指导,在法国称为方向指导,在日本称为出路指导。虽然称谓不同,但含义大体是一样的。

按照人们通常的理解,就业指导是帮助择业者根据个人的生理、心理特点选择适合自己职业的过程。从狭义上讲,就业指导是帮助择业者在就业期的选择过程;从广义上讲,就业指导是帮助择业者做好就业的准备过程和选择过程,其中,准备过程更为重要。

职校的就业指导,是指在学校和教师的指导下,兼顾学生的个人特征与社会需要,帮助学生达到职业适应性而进行的自觉、自主、有科学依据地计划职业发展、合理选择职业的过程。

(二)就业指导的内容

就业指导面临的问题之一,就是要正确、恰当地确定就业指导的内容。就业指导的内容,要求具有系统性、科学性、政策性和实用性。确定就业指导的内容必须联系就业指导的基本任务,我们认为,就业指导的主要内容应该包括以下几个方面。

1.就业思想指导

思想指导是就业指导的重要内容,主要是对学生进行思想教育,帮助学生科学认识和正确对待就业,引导学生正确认识自我,科学地、合理地选择自己的求职目标。其中,要重点解决好以下几个问题。

(1)树立正确的就业观念。

就业是职校学生走向社会的转折点,但就业所反映的不仅是如何找到用人单位,还涉及学生本身的素质准备,因为学生本身的素质如何,直接关系到事业的成功与否。因此,就业观念要解决的基本问题是:如何让学生成为适应社会需要和发展的建设者和接班人。就业思想指导要帮助学生树立国家和人民利益高于一切的观念,树立艰苦奋斗、创业成才的观念,树立增强自身素质、积极参与竞争的观念。就业的思想指导和职校学生的学习目的教育应该融为一体,贯穿学习阶段的全过程。

(2)树立正确的择业标准。

总的来说,职校学生的择业标准正呈现多样化的趋势。指导学生就业的基本原则是把个人理想与国家需要结合起来,从实际出发,适应社会发展的要求。通过就业思想指导,帮助学生处理好索取与奉献的关系、个人愿望与社会需要的关系、个人成才与客观条件的关系。通过就业思想指导,纠正和避免职校学生在择业中的短期行为,使其能正确处理社会需要与个人成才、事业与生活、个人与集体等各种关系,抵制眼前功利的诱惑,真正做到以事业为重,服从国家需要,勇于到西部地区、艰苦行业、基层第一线去发展成才,报效祖国。正确的择业标准是建立在科学的世界观、人生观、价值观基础上的。就业中的思想教育是职校学生思想政治教育的继续和深入,能够帮助职校学生在社会主义市场经济条件下,理性地选择职业,同时做好艰苦奋斗、甘于奉献的思想准备。

(3)确立高尚的求职道德。

市场经济是法治经济,也是道德经济。职校学生的道德修养和个人信誉对其成才和发展是极为重要的,在其求职过程中也同样重要。通过就业指导,职校学生能在就业过程中做到实事求是、诚实正直、与人为善,绝不能在求职时吹嘘自己,贬低他人,也不能欺骗用人单位或不讲信誉。求职道德是职校学生素质的重要展示,是给用人单位留下的第一印象。高尚的求职道德有助于培养高尚的品行,使人终身受益。求职不道德,其后果是失去用人单位的信任。个人不道德,有时不仅影响到本人,甚至也会对他人产生不利的影响,使求职者和用人单位之间产生隔阂。

2.就业政策指导

政策指导是就业指导的前提。职校学生就业政策是国家制定的高层次人力资源配置准则的体现,是调控、约束、指导毕业生择业行为的基本依据。任何人都可以在就业政策允许的范围内自由择业。

(1)指导就业政策。

通过就业指导,学生能了解国家制定的全国性的就业政策、有关部门和省市制定的行业性和区域性的就业政策,以及所在学校制定的具体的就业政策实施意见,按有关规定就业。对毕业生就业工作的指导方针,教育部文件明确规定:要贯彻统筹安排,合理使用,加强重点,兼顾一般和面向基层,充实生产、科研、教学第一线的方针。在保证国家需要的前提下,贯彻学以致用、人尽其才的原则。有些行业性或区域性的就业政策,会对专业要求、生源指标、学历条件等做出规定。所在学校一般会根据国家政策和地方政策提出工作意见。学校必须加强对职校学生的就业政策指导,认真向职校学生宣传就业制度改革的必要性,宣讲职校学生就业的方针、政策、原则及有关规定和具体实施办法,对职校学生进行正确引导和教育,以帮助职校毕业生顺利就业。就业政策的指导应该在学生择业前进行。

(2)指导劳动法规。

《中华人民共和国劳动法》(以下简称《劳动法》)是调整劳动关系的基本法律,职校学生就业的实质是与用人单位建立劳动合同关系。《劳动法》指导学生遵纪守法,依法办事,维护自身的合法权益,履行应尽的义务。如《劳动法》规定妇女享有与男性平等的就业权利,又如违反法律、行政法规的劳动合同及采取欺诈、威胁等手段订立的劳动合同为无效合同等,都是职校学生应该了解的内容。

(3)指导就业工作程序。

毕业生就业工作程序在教育部的统一部署和要求下进行,一般从学生在校最后一学年开始。对职校学生进行就业工作程序的指导,有利于职校学生在规定的时间段内收集信息,参与双向选择,进行毕业鉴定,办理报到手续等。

3.就业信息指导

就业信息是求职择业的基础。获得的就业信息越广泛,求职的视野越开阔,就业信息运用得越好,求职的成功率就会越高。因此,对职校学生进行信息指导,是就业指导必不可少的内容。

(1)对国家宏观就业形势的分析指导。

国家宏观的就业形势关系到劳动力市场的供需关系,和毕业生能否充分就业息息相关。某一类专业人才市场的供需情况,直接影响该类专业毕业生的就业。就业信息指导要帮助职校学生了解就业的大形势,认识到职校学生就业的有利条件、不利因素以及就业趋势。加强就业信息指导,有利于毕业生做出合理的就业定位,使其主观期望符合社会的实际,能够及时、顺利地就业。

(2)对收集具体就业信息的指导。

这一指导可以帮助毕业生提高收集信息和利用信息的能力。信息是我们这个时代的重要特征,收集的有效信息越多,选择的余地越大;充分、准确地掌握和利用有效信息,就有希望实现满意的就业。一定程度上,对收集具体就业信息进行指导直接影响毕业生职业的选择和事业的发展。

4.就业心理指导

近年来,随着就业竞争的日趋激烈,职校学生出现的择业心理问题呈上升趋势,各种心理障碍和心理疾病影响着职校学生顺利走向社会。运用心理学的原理和方法,针对职校学生心理发展特点和择业中暴露出来的心理问题,进行择业心理教育和指导,不仅必要而且十分重要。

(1)对择业心理的指导。

对职校学生而言,就业是从职业理想到社会现实的转变。良好的心态,充分的心理准备是非常重要的。应该面对现实,一切从实际出发,处理好理想与现实的关系。一般来说,职校学生择业都有较高的心理期望值,这是正常的,但脱离现实、好高骛远的想法是不正确的。指导职校学生择业心理要解决的问题就是——帮助职校学生做好既有远大理想又要艰苦奋斗的心理准备,正视社会,适应社会。

(2)增强心理承受力的指导。

学生在择业过程中会碰到各种障碍,遇到各种挫折。指导职校学生正确对待挫折,增强心理承受力是很重要的。在择业中,学生很可能在以下两方面产生心理不平衡:一是自己的评价和社会的评价不一致时;二是自己与同学在学校的比较和在社会的评价不一致时。要帮助职校学生既有自信,又能正确评价自我,保持良好的心理素质。

(3)心理健康的指导。

对学生心理健康的指导具有普遍的意义。职校学生的心理和生理的成熟程度存在差异,自我心理调节能力的发展明显滞后。进行及时、有效的心理健康教育和指导,不仅有助于学生做好择业心理准备,而且有助于心理问题的预防和解决;不仅有利于职校学生正确认识自我,从个性心理特征设计择业目标,而且有利于职校学生尽快适应职业岗位,完成角色转换,实现人生价值。

5.求职技巧指导

求职技巧的指导,具有较强的实用性。在"公平竞争,择优录用"的原则下,用人单位主要通过自荐、面试、笔试等方式来招聘、录用人才。因此,指导职校学生掌握求职的方法与技巧,能够帮助他们提前做好准备,提高求职的成功率。

(1)自荐技巧的指导。

在招聘过程中,自荐是首要环节。自荐的方式很多,主要是递送自荐材料。自荐技巧指导主要是帮助职校学生和用人单位进行有效沟通:使职校学生能真实地介绍自己,使用人单位所欣赏的某些特长得以充分展示,使学生的能力和潜力能被用人单位发觉。自荐的技巧是一门艺术,是自我展现而不是自我拔高。

(2)面试技巧的指导。

一般情况下,面试是招聘录用过程中必不可少的环节,用人单位能直接了解求职者的情况。在面试过程中,掌握一定的技巧是成功面试的策略之一,也是作为求职者应具备的能力。作为求职的职校毕业生,需要面试技巧的指导,只有这样才能在面试时有充分的准备,有针对性地答辩和应对。指导职校学生面试技巧,不仅能帮助职校学生顺利就业,而且能使职校学生学到更多的人际交往知识。

(3)求职礼仪的指导。

礼仪是给人的第一印象,求职者的礼仪是重要的。首先是衣着,应该端庄大方;其次是要有礼貌,这体现了求职者的素养;第三要热情,既能给人以好感,也能反映求职者的精神面貌。对求职礼仪的指导可以帮助职校学生充分体现其应有的文明、礼貌和修养。良好的礼仪应该在日常学习、生活中形成。

6. 主动创业指导

创业不仅是指求职者到用人单位工作之后创立的业绩,也包括职校毕业生创立自己的事业。随着科学技术的迅速发展,社会竞争的日趋激烈,职校毕业生只有不断创造新的业绩,才能适应现代社会发展的要求。对职校学生进行创业教育和指导,使其树立创业的信心和决心,掌握创业的途径和方法,具有很强的现实意义。

(1)对创业精神的指导。

创业精神对当代职校学生尤为重要。时代的发展、社会的进步、高科技的创新、经济制度的变革,孕育了一个创业的时代。每个有望实现自己的价值、发挥自己才能的职校学生,都可以在时代的舞台上创一番自己的事业。创业精神的培养,应融入职校教育的全过程,只有这样,才能使职校学生有新的理念,有新的作为。

(2)对自主创业的指导。

自主创业越来越成为青年一代谋求职业的重要途径。以市场需求为主导的社会主义市场经济体制激发了人们的积极性和创造性。国家的就业渠道和可以选择的职业空间也在向新的行业、新的职业拓展,现代化的、适应新时代的、具有创造性的新型职业将不断产生,现成的、长期一贯的职业将越来越少。青年一代积极投身创业比起谋求社会既成的职业来说更具有挑战性,创立个人的事业更能发挥自己的聪明才智,主动性和创造性更能灵活、恰当地和社会需求融合在一起,使个人价值得以实现。对职校学生自主创业的指导,在就业指导中是个新的领域,但对职校学生面向现代化、面向世界、面向未来的发展而言,具有非常积极的意义。

(三)就业指导的重要意义

1. 有利于国家经济建设和社会稳定

现代世界的竞争实质是人才的竞争,"人力资源是第一资源"。在生产力中,人是最活跃、起决定性作用的因素。职校学生是国家培养的专门技能人才,是实施科教兴国战略、实现新世纪宏伟目标的重要力量。通过对职校学生进行就业指导,可以为培养与国家经济建设要求相适应的劳动者和技能人才,为发挥我国巨大的人才资源优势,为推进国家经济建设,起到非常重要的作用。加强职校学生的就业指导,可以帮助学生顺利就业,对维护社会稳定也起到非常重要的作用。

2. 有利于职业教育改革的深化

职业教育的任务是培养具有创新精神和实践能力的专门技能人才,发展科学技术文化,促进社会主义现代化建设。职业教育的改革要全面适应经济建设和社会发展对各类人才的需要,全面提高人才培养的质量。职校学生就业的状况直接影响到职业教育的改革与发展。职业教育是否与经济建设和社会发展相适应,通常可以通过对毕业生的需求情况反映出来。职校培养人才的质量也可以在用人单位对毕业生的实际使用中得到检验和评价。因此,通过职校毕业生就业工作这个环节,可以对就业中反馈的信息进行分析和研究,以推进职校人才培养模式的改革和专业结构的调整,加快学校的发展,使职校培养的人才适应和满足社会主义现代化建设的实际需要。

3.有利于职校学生的学习和成才

社会需要并且欢迎品学兼优、基础扎实的复合型和创新型人才。在招聘中,一些优秀的学生容易先为用人单位所接受。通过对职校学生进行就业指导,可以激励学生勤奋学习,努力成才。

4.有利于职校学生更加顺利地就业

从一些人才市场招聘会上反馈的信息来看,有些学生缺乏自我推销的能力;有些学生选择岗位时好高骛远、不切实际等。通过对职校学生进行就业指导,可以帮助学生制订切合实际的职业规划,掌握求职技巧,培养自我推销能力,顺利就业。

小故事

某日,市职业介绍中心的大厅内,一位30多岁的女性左顾右盼,在各招聘台前迟疑不决。中心职业指导人员小张看到后,主动走到她面前,微笑着说:"您有什么需要我们帮助的吗?"她小声地说,"我来随便看看。""您请这边来。"小张热情地说,"我能给您提供什么帮助吗?"她说:"我是一名军嫂,是五年前随军来到这里的,在部队企业工作,两年前因企业效益不好下岗了,因当时丈夫在部队工作较忙,孩子又小,需要在家里照料,因此,也没有急于出来找工作。现在孩子大了,待在家里也没什么事可做,所以到市场来看看是否有合适的工作。可来了三四次都没有找到,今天遇到您,希望能给我出出主意。"小张给了她一张求职登记表,填完表后,小张问她:"您想找一份什么样的工作?"她想了一下说:"干啥都行,只是工作时间不能太死,这样我可以顺便照顾一下家庭。"

听完她的叙述和对求职的要求,小张知道,这是一位长期失业人员,年龄偏大,技术也较单一,在随军前,在原籍从事纺织业工作。打量其人,衣装朴素,身体健康,说话做事较干练。

小张说:"从您的谈话来看,我觉得您目前首先应该克服长期失业在家、适应能力差、竞争力弱的不利因素。选择工作前,我建议您先进行短期的技能培训,比如家政服务、插花技术等,以提高您的职业技能,这样,您选择工作的范围将有所扩大,并具有一定的竞争力。同时要增强自信心,在市场内要主动与招用单位接触、交谈……"接下来,小张还向她讲了一些克服心理障碍和进行面试时应具备的技巧。

想一想:小张的指导对军嫂今后的求职有什么重要作用?

指导结束后,她高兴地走出职业介绍中心,说回去后就参加一个家政培训班,争取尽快适应市场,尽早找到工作。

第二节 职业与职业分类

一、职业

(一)职业的概念和职业活动的作用

职业是参与社会分工,利用专门的知识和技能,为社会创造物质财富和精神财富,获取合理报酬,作为物质生活来源,并满足精神需求的工作。简言之,职业是个人所从事的、服务于社会并作为主要生活来源的工作。从社会来看,职业活动为社会创造物质财富和精神财富,满足社会的需要;从个人来看,职业活动是人们获得物质生活资料、维持生存和发展的基本手段。

(二)职业的特点

1.职业的多样性

每种职业都有自己独特的工作内容和工作方式。随着社会的发展和人类的进步,社会分工越来越细,职业的种类已经发展到今天的成百上千种,呈现出多样性的特点。

2.职业的专业性

随着科学技术的高速发展,不同职业所需的知识和技能已经出现了很大差别,这就要求从事某一职业的劳动者必须具备专业的知识和技能,才能胜任工作岗位的要求。

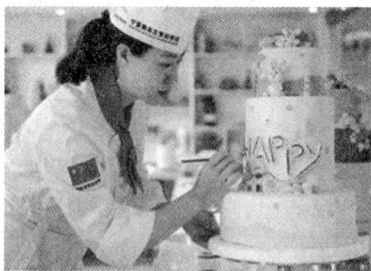

3.职业的发展性

职业是一定时代的产物,随着时代的变化发展,某些职业会消亡,如箍桶匠、电话总机接线员、纤夫等,而某些新兴职业将会产生,如基金发行员、光伏组件制造工等,还有某些职业会为适应形势调整和转化。

4.职业的规范性

从事任何一种职业,都必须符合国家法律和社会道德规范。任何违反国家法律和社会道德规范的劳动,都不能被当作一种职业,都不能被社会认可,如盗窃、抢劫、贩卖毒品等。

5.群体性

职业必须具有一定的从业人数,单一的个人劳动不能算是一种职业,如在家做饭、打扫卫生等。

拓展阅读

职业与事业

任何一种职业,对某些认识片面的人来说,都可能是苦海;反过来,任何一种职业,一旦入了门,全身心扑在上面,都能感到其中无穷的乐趣,都会成为理想的乐园,都会成就一番事业。

优秀的职业人,总是把职业当成事业。我们每个人,身在职场,首先要认清你自己。你所从事的职业完全由你自己的职业取向所决定。你的取向是把职业当作自己生活的来源,还是把职业当作自己一生的事业,其结果将有天壤之别。

孔子曰:"君子谋道不谋食。"因此,孔子并非一开始就将自己的职业与事业融合为一,而是在从事教师职业的过程中,逐渐确立起教育是为国之本的理想,并终身力耕不辍。从为了养家糊口,到喜爱,再到终身为之而"不知老之将至",这是一个动态的认知过程。"我非生而知之者,好古,敏以求之者也。"孔子的心路历程告诉我们,学道、求道是一项艰巨而漫长的历程,是千秋事业,同时也绝非以一己之力一蹴而就,需要同道之人同心同创,而教育就成了培养同道之人最好的选择。

孔子使后人艳羡的境界是将职业与事业很好地融合在一起,以至人们忘了其从教还有养家糊口的职业特点。人活着就要工作,工作而能兴味盎然,乐此不疲,并能终生为之而不悔,则必须使职业与精神的归宿有某种契合,否则很难有孔子式的境界。常人只能从事某种职业以求生存,在业余时间追求自己喜欢的事业。当然,一个人如果没有事业心,就会常常为生活中的琐碎烦恼。因此,快乐的根源就在于:我们既有养家糊口的职业,还有追求精神满足的、终生为之奋斗的事业。所谓快乐,也就在其中。

二、职业分类

所谓职业分类,是指按一定的规则和标准把一般特征和本质特征相同或相似的社会职业,分成并归纳到一定类别系统中去的过程。

(一)国外的职业分类

由于世界各国的国情不同,其职业分类的标准亦有所区别。根据西方国家一些学者提出的理论,职业一般有以下三种划分方法。

1. 按脑力劳动和体力劳动的性质、层次进行分类

这种分类方法把工作人员划分为白领工作人员和蓝领工作人员两大类。白领工作人员包括:专业性和技术性的工作、农场以外的经理和行政管理人员、销售人员、办公室人员。蓝领工作人员包括:手工艺及类似的工人、非运输性的技工、运输装置机工人、农场以外的工人、服务性行业工人。

这种分类方法明显地表现出了职业的等级性。

2. 按心理的个别差异进行分类

这种分类方法是根据美国著名的职业指导专家霍兰德创立的"人格—职业"类型匹配理论,把人格类型划分为六种,即现实型、研究型、艺术型、社会型、企业型和常规型,与其相对应的是六种职业类型(其具体内容将在本教材第三章第三节中详述)。

这种分类方法对人才测评的发展产生了重要的影响。

3. 按各个职业的主要职责或从事的工作进行分类

这种分类方法较为普遍,主要有两种——国际标准职业分类和加拿大《职业岗位分类词典》的分类。

(1)国际标准职业分类。

国际标准职业分类把职业由粗至细分为四个层次,8 个大类,83 个小类,284 个细类,1506 个职业项目,总共列出 1881 个职业。其中 8 个大类是:①专家、技术人员及有关工作者;②政府官员和企业经理;③事务工作者和有关工作者;④销售工作者;⑤服务工作者;⑥农业、牧业、林业工作者及渔民、猎人;⑦生产和有关工作者、运输设备操作者和劳动者;⑧不能按职业分类的劳动者。

这种分类方法便于提高国际间职业统计资料的可比性和国际交流。

(2)加拿大《职业岗位分类词典》的分类。

它把分属于国民经济中主要行业的职业划分为 23 个主类,主类下分 81 个子类,489 个细类,7200 多个职业。

这种分类对每种职业都有定义,逐一说明了各种职业的内容及对从业人员在普遍受教育程度、职业培训、能力倾向、兴趣、性格及体质等方面的要求,有较大的参考价值。

(二)我国的职业分类

参照国际标准职业分类方法,我国的职业分类大抵历经了三个阶段。

第一阶段:1986 年,我国国家统计局和国家标准局首次颁布了中华人民共和国国家标准《职业分类与代码》(GB6565-86),并启动了编制国家统一职业分类标准的宏大工程。

第二阶段:20 世纪 90 年代中期,我国的社会经济领域发生了重大变革,这对人力资源管

理提出了新的要求。为此,国家提出要制定各种职业的资格标准和录用标准,实行学历文凭和职业资格两种证书制度。《劳动法》中明确规定:"国家确定职业分类,对规定的职业制定职业技能标准,实行职业资格证书制度。"根据社会经济发展的需要,原劳动和社会保障部、国家统计局和国家质量技术监督局联合中央各部委共同成立了国家职业分类大典和职业资格工作委员会,组织社会各界上千名专家,经过四年的努力,于 1998 年 12 月编制完成了《中华人民共和国职业分类大典》(以下简称《职业分类大典》),并于 1999 年 5 月正式颁布实施。这是我国第一部对职业进行科学分类的权威性文献,是我国第一部《职业分类大典》。它科学、客观、全面地反映了当前我国社会的职业构成,填补了我国长期以来在国家统一职业分类领域的空白,具有深远的意义和广泛的应用领域。

为保证各地劳动力市场使用的职业分类与代码的科学和规范,有利于劳动力市场信息联网,原劳动和社会保障部在主持编纂《职业分类大典》的同时,根据重新修订的职业分类国家标准《职业分类与代码》(GB/T6565-1999)和《职业分类大典》,制定了《劳动力市场职业分类与代码(LB501-1999)》,并于 2002 年进行了修订。

第三阶段:进入 21 世纪以来,随着经济社会发展、科技进步和产业结构调整升级,我国的社会职业构成和内涵发生了很大变化:一是一些传统职业开始衰落甚至消失,如"唱片工""拷贝字幕员"等;二是一些新的职业不断涌现并迅速发展,如"基金发行员""光伏组件制造工"等;三是一些职业为适应形势开始调整和转化,如"光盘复制工""市话测量员""话务员"等,由于社会发展和科技进步等原因,分别相应地调整和转化为"音像制品复制工""信息通信网络测量员""呼叫中心服务员"等。

职业分类对于适应和反映经济结构特别是产业结构变化,适应和反映社会结构特别是人口、就业结构变化,适应和反映人力资源开发与管理特别是人力资源配置需求等方面,都具有重要意义。为适应经济社会发展的需要,由国家人力资源和社会保障部、国家质检总局和国家统计局牵头,成立了国家职业分类大典修订工作委员会,审议并颁布了新修订的 2015 版《职业分类大典》。与 1999 年第一版相比,保持 8 个大类不变,增加 9 个中类和 21 个小类,新增 347 个职业,取消 894 个职业。2015 版的《职业分类大典》把我国职业划分为由大到小、由粗到细的四个层次:大类(8 个)、中类(75 个)、小类(434 个)、细类(1291 个)。细类为最小类别,亦即职业。

8 个大类分别是:

第一大类:党的机关、国家机关、群众团体和社会组织、企事业单位负责人;

第二大类:专业技术人员;

第三大类:办事人员和有关人员;

第四大类:社会生产服务和生活服务人员;

第五大类:农、林、牧、渔业生产及辅助人员;

第六大类:生产制造及有关人员;

第七大类:军人;

第八大类:不便分类的其他从业人员。

三、我国职业的变迁

1. 旧职业的消失

不知不觉中,大家原来熟悉的一些职业正在消失。在 2015 版的《职业分类大典》中,早已没有了磨刀、补锅这些职业。与此同时,又有大量的新职业诞生。有数据显示,我国已经消失了 3000 多个职业,如以往的淘粪工在都市中"隐身",取而代之的是现代专业清洁工;"理发员"成了"美发师","炊事员"升级成为"营养配餐师","保姆"称作"家政服务员"……

拓展阅读

目前中国已经或正在消失的几种职业

1.修钢笔

30 年前,人们以拥有一支派克金笔为荣。那个年代的派克金笔很有分量,书写起来极其流畅,书写的字迹圆润。笔尖的顶部有一点点黄金,但使用久了,磨损很大,就要找修钢笔的师傅镶金。随着电子产品的广泛运用及多种新式书写用笔的出现,使用钢笔的人越来越少,这档营生几近绝迹。

2.补锅匠

补锅,曾是手工作坊的一种职业,按锅的品种来决定工艺的不同:有专门补铁锅的、补搪瓷器皿的、补铝锅水壶的,技术、火候各不相同。一些补锅匠走街串户,悠悠地唱"补——锅——嘞——",嘹亮的嗓音绕梁不绝。随着社会的发展,一些头脑灵活的补锅匠早已改行修理高压锅、电炒锅或者电饭煲了。

3.卖凉开水

在南方,有些家庭妇女在自己住宅边上摆上糖水、白开水、西瓜汁、甘蔗汁等进行出售,这属于家庭妇女的营生之道。不知什么时候,卖凉开水的摊子也卖起可乐、矿泉水来了,有的干脆全部换成瓶装饮料,摊点基本被商店(超市)取代。

4.剃头匠

剃头匠,俗称"待招"。走街串巷的剃头匠都挑一副沉重的担子,有火炉、铁锅、竹椅、理发刀具、镜子以及自己吃饭的锅碗瓢盆和米面等,如果有客人需要理发,剃头匠随时可以停下来工作。

5.翻瓦匠

翻瓦,是一道泥水匠工作的工序。过去,城市里平房很多,屋顶多使用小青瓦。年代久了,尘土、枯枝、树叶易堵塞瓦沟,导致雨水倒灌瓦缝,或者瓦片碎裂了,就必须请翻瓦匠来翻瓦。

6.守墓人

对坟墓的敬重在中国人的传统伦理思想中占有重要位置。一个家族,往往会把离世的先人埋葬在同一个地方,既便于祭奠,又便于管理。守墓人就是坟墓的最高权威。守墓人多是与家族血缘远些的孤寡老者,主要工作有两项:一是打扫墓园,清理杂草,种植花木;二是守夜,防止盗墓贼或野兽打扰先灵。

7.流动照相

流动的照相师傅,从 20 世纪初就奔走在乡村与城市之间。由于交通不便,师傅照完相要隔两三周才会送来照片。那个年代,照片上的颜色都是用颜料涂上去的,这种照片还不易褪色。逐渐,照相馆占领了乡村与城市,再加上手机的广泛应用,流动照相的师傅失去了最后的根据地。

2.新职业的崛起

中国人喜欢用三百六十行来概括职业门类,但是,社会发展到今天,三百六十行显然已远远不够了。自 2004 年以来,原劳动和社会保障部(后改为人力资源和社会保障部)每年都会公布两三批新职业。每次新职业的公布,每阶段职业结构的变化,都从侧面反映出我国产业结构的调整和社会经济的进步。

拓展阅读

目前中国新崛起的几种职业

1. 宠物医生

我国的宠物市场正以每年15％的速度增长。有测算显示,我国宠物经济的市场潜力每年至少能达到150亿元。

2. 网店卖家

开网店已经不足为奇了,由此衍生的网上导购、直播带货都很火,发展前景也很乐观。

3. 网警

网警通过网络监控,为服务单位及时删除各种不良信息,及时叫停违法行为。网警还负责打击网吧黑势力,对破坏活动起到辅警作用。

4. 快递员

随着大批新兴的电子商务企业不断涌现,许多传统企业也开始发展电子商务。传统的门店经营逐渐变成网络经营,快递行业迅速崛起,涌现出大批从事快递工作的快递员。

5. 健康管理师

吃什么? 怎么吃? 当生活由温饱迈进小康,注重饮食养生成为一大趋势。怎么让自己更健康是大家关注的重要内容,健康管理师也因此走俏市场。

6. 配饰师

配饰师侧重于软装修,即通常所说的软装饰。配饰师运用自己对色彩、质感和风格的整体把握能力,以及对艺术、时尚的综合审美能力,将七大类家居产品——家具、灯饰、挂画、布艺、花艺、绿植、陈设品(如雕塑等)进行统一规划、协调组织,为美化家居环境做出整体设计和细节优化。

在经济快速发展的今天,职业结构变化频繁,旧职业被淘汰,新职业纷至沓来,这是不可逆转的历史潮流。社会环境在造就新职业的同时,也迫使我们不得不打破长久以来的惯性思维,劳动者不是一辈子只待在某一个单位才叫就业,人一生中可能变换多种职业,关键是要不断掌握新技能,与时俱进。

所以,我们只有跟上时代前进的脚步,不断学习,不断更新知识,具备现代技能,成为复合型的高素质人才,才能有效应对职业的更替。

第三节　职业理想

理想是成功的原动力。职业理想是个人对未来职业的向往和追求,有职业理想才有职业目标和从业的动力,正确的职业理想是一个人成就事业、为社会作出贡献的内在精神力量。对于职校学生而言,正确的职业理想有助于科学合理地培养自己的职业素质,有助于在求职过程中正确地定位自己,有助于在工作中自觉地将集体需要与个人利益相结合,有助于更顺利地走向成功。但在实际生

名人名言

人有了物质才能生存,人有了理想才谈得上生活。你要了解生存与生活的不同吗? 动物生存,而人则生活。

——雨果

活中,由于就业形势严峻,"先就业后择业"的心态使很多职校学生忽略了职业理想,把就业当作一种谋生的手段,而不是把工作当作事业来追求。因此,他们在求职就业的过程中,既没有职业荣誉感,又没有顽强的职业意志和执着的职业热情。这种情况具有普遍性,因此亟须学校和教师对学生加以教育和指导。

拓展阅读

三个建筑工人的故事及启示

三个建筑工人在共同砌一堵墙。这时,有人问他们:"你们在干什么呀?"第一个人头也没抬,没好气地说:"你没看见吗? 在垒墙。"第二个人抬起头来说:"我们要盖一间房子。"第三个人边干活边唱歌,脸上满是笑容:"我在盖一间非常漂亮的房子,不久的将来,这里将变成一个美丽的花园,人们会在这里幸福地生活。"

十年后,第一个人仍是一名建筑工人;而在施工现场拿着图纸的设计师竟然是第二个工人;至于第三个工人,现在已成了一家房地产公司的老板,前两个工人正在为他工作。

这个故事告诉我们,看问题的角度不同,就会有不同的眼界,而一个人的眼界直接决定了他的前途。面对同一环境,不同的工作心态造就了他们不同的未来。在企业中确实存在这种现象:一部分员工只是为了生存而干活,为了生存而奔波,缺少了进取的乐趣,他们是永远不可能做出好成绩的;还有一部分员工尽管有理想,可惜缺少远见,也难以成功;只有心怀远大理想,而且将自己的全部热情投入到工作中去,才能使自己不断地向前发展,迎来事业的成功。

一、职业理想的含义

理想是人们对未来事物有根据的、合理的想象和希望,是个人对未来的向往和追求。

职业理想是个体在一定的世界观、人生观和价值观的指导下,对自己未来所从事的工作岗位、工作部门、工作种类以及事业成就大小的想象和设计;是人们在职业上依据社会要求和个人条件,借想象而确立的奋斗目标,即个人渴望达到的职业境界;是人们实现个人生活理想、道德理想和社会理想的手段。

二、职业理想的特性

1.职业理想具有时代性

社会分工和职业变化是影响一个人职业理想的决定性因素。职业理想是一定的生产方式及其所形成的职业地位、职业声望在一个人头脑中的反映。生产力发展的水平不同、社会实践的深度和广度不同,人们的职业追求目标也不同。

2.职业理想具有发展性

一个人的职业理想的内容不是一成不变的,而是会因时因地因事的不同而发生变化。随着年龄的增长、社会阅历的增加、知识水平的提高,职业理想会由朦胧变得清晰,由幻想变得理智,由波动变得稳定。因此,职业理想具有一定的发展性。孩提时代想当一名警察,长大后却成了一名教师,这一事实就能证明以上观点。

3.职业理想具有差异性

职业是多样性的,一个人选择什么样的职业,与他的价值取向、知识结构、能力水平、兴趣爱好等都有很大关系。政治思想觉悟、道德修养水平以及价值观决定着一个人的职业理想方向;知识结构、能力水平决定着一个人的职业理想追求层次;个人的兴趣爱好、气质、性格等非智力因素以及性别特征、身体状况等生理特征,也影响着一个人的职业选择。因此,职业理想具有一定的个体差异性。

三、影响职业理想形成的主要因素

一个人的职业理想,是随着身体、心理、思想的一步步成熟而逐渐形成的,同时,也会受到各种社会条件等因素的影响和制约。

1. 社会生产力发展水平的高低

这是影响和制约职业理想形成的重要因素。社会生产力发展水平越高,生产方式越先进,社会分工就越细,行业与职业的种类就越多,人们就业的机会也就越多。我国经过 40 多年的改革开放,已经为人们实现自己的职业理想提供了一定的条件。随着我国经济的进一步发展和改革的进一步深入,社会终将为人们实现自己的职业理想提供更加广阔的天地。

2. 社会意识与观念

社会意识与观念对职校学生的职业认知、职业选择的影响是潜移默化的,特别是在职校学生形成自己的职业理想时,这一因素会对他们产生巨大的影响。如"劳心者治人,劳力者治于人"的封建等级观念,会促使学生崇尚以脑力劳动为主的职业,轻视以体力劳动为主的职业。如"工匠精神"的现代意识与观念,会促使学生走向生产第一线,把努力成为"大国工匠"作为自己的职业理想。

3. 家庭的教育和择业标准

这是影响和制约职校学生职业理想形成的关键性因素。在中国,有许多家庭对孩子寄予厚望,在孩子很小的时候就开始培养他们在某一方面的兴趣、爱好和特长,希望他们长大后能从事某种职业,为家庭增光。学生从小到大,有很长一段时间生活在家庭中,父母对职业的看法和评价会对孩子职业理想定位产生巨大的、直接的影响,甚至有些学生的志愿填报都是父母一手操办的。

除以上因素外,学校对学生的教育和引导,该职业的工资收入,学生自身的身体状况、能力、兴趣、性格等,都会对职业理想的形成产生不可忽视的影响。

四、确立正确职业理想的步骤

(一)正确认识自己,全面了解当前职业环境,建立切合实际的职业期望

1. 认识自己——我能干什么

青年学生很容易把自己放在过高的起点上,去观察周围的环境,思考自己的职业未来。有的学生甚至还想:将来自己所从事的工作,条件应该比别人好一些,付出的劳动应该比别人少一些,拿的工资却应该比别人高一些。显然,这种失去"自我"的职业憧憬是"空中楼阁",是"水中月亮",是可望而不可即的。学生只有充分地认识自我,把握自己的身心特点,从自身出发,才能够准确定位,把职业理想建立在自己能够胜任的、能够发挥自己优势的基础之上,树立正确的职业理想,并瞄准职业目标去不懈努力,进而取得成功。

> **名人名言**
> 职业理想就像一盏指路的明灯,它不仅照亮了我们的职业发展之路,也照亮了我们的人生之路。
> ——列夫·托尔斯泰

2. 认识职业——要我干什么

并非所有的职业都适合你,你也并非能胜任所有的职业。每种职业都有与之相适应的职业能力要求。除了具备观察、思维、表达、职业理想等一般能力外,一些特殊行业还有特殊要求。对于会计、出纳、统计、建筑师、工业药剂师等职业来说,从业人员必须具备很强的计算能力;与图纸、建筑、工程等打交道的职业,以及牙科医生、内科医生、外科医生等职业,对空间判断能力的要求较高;对于图形的阴暗、线条的宽度和长度,能做出视觉上的区别和比较的人,比较适合从事美术装潢、电器修理、动植物检疫等工作。因此,有选择性地、有针对性地培养自己的能力,主动去适应并接受职业岗位的挑战,是十分重要的。

3.认识社会——让我干什么

认识社会主要是认识社会需求量、竞争系数和职业发展趋势。社会需求量是指一定时期职业需求的总量,这是一个动态又相对稳定的数量。例如,有的职业有很高的社会名望,但需求量很少;有的职业不为多数人看好,但有发展前途,且需求量较大。竞争系数是指谋求同一种职业的劳动者人数的多少。社会地位高、工作条件好、工资待遇优的职业,想要谋取的人数就多,相应的竞争系数就大。职业发展趋势是指职业未来发展的态势。有些职业一时需求量大,竞争激烈,但随着社会的发展可能会衰落;有些职业暂时被冷落,但随着社会的发展也会变得兴旺。

4.认识矛盾——我该干什么

对于即将毕业的职校学生来说,职业理想与"饭碗"的矛盾会经常发生。这时,既不要怨天尤人,也不要心灰意冷,而要冷静看待。

(1)要认真分析自己的职业理想是不是脱离实际、定得过高;自己的职业素质符不符合所选择的职业要求。虽然职业理想因人而异,没有绝对的标准,但是职业理想必须以个人能力为依据,超越主客观条件去追求自己的所谓理想,是不现实的。这就要求职校学生在选择职业之前,要正确地评估自己,给自己一个合理的定位。

(2)我们把职场分为"天堂团队"、"人间团队"和"地狱团队",很多人以为不能进入"天堂团队"就是不理想的。实际上,很多真正有能力的人是从"人间团队"、甚至"地狱团队"走出来的。因为,当一个人的职业生涯并不顺利的时候,往往可以使一个人多方面的能力得到更好的锻炼。

(3)要懂得职业理想不等于理想职业。一般来说,当个人的能力、职业理想与职业岗位最佳结合时,即达到三者的有机统一时,这个职业才是你的理想职业。人们对理想职业的追求往往带有很大的幻想成分,而你的职业理想只要符合社会的需要,而自己又具备从事该职业的职业素质,并且愿意不断地努力付出,迟早会有实现的一天。

(4)如果所选择的职业岗位已无空缺,而你又需要立即就业,那就先降低一点自己的要求。因为,如果没有工作,就意味着没有实现职业理想的可能。而就业以后,你才有可能在自己的主观努力下,向自己的职业理想靠拢。

(二)严格要求自己,培养良好职业能力,提高职业素质

在充分认识自己和当前职业环境的基础上,职校学生要找到自己的职业素质与社会需求之间的差距,从而在学习中做到有的放矢,不断培养自己的职业能力,提高自己的职业素质,努力把自己培养成为符合企业需要的、具有良好职业素质的职校学生,并在努力学习的过程中,不断调整自己的求职预期与职业定位,提高自己将来在职业社会中的生存与发展能力。

（三）积极参加社会实践

职校学生应积极参加教学实习、勤工俭学、顶岗实习等各种形式的实践活动，通过实践，学生不仅提高了自身的专业技能，更重要的是对专业性、技能性的职业岗位有了较为深入的了解和认识，有了一定的职业经历和职业经验；通过实习实践，可以培养学生吃苦耐劳的精神和良好的社会适应能力，形成健康良好的职业观、人生观和价值观，从而不断修正自己的职业理想，树立更切合实际的、更合适的职业目标，进而顺利地实现从学生身份向员工身份的转变。

第四节 职业资格证书制度

一、职业资格的含义

职业资格是对劳动者从事某一职业所必备的学识、技术和能力的基本要求。职业资格包括从业资格和执业资格。从业资格是从事某一职业的专业知识、职业技能和工作能力的起点标准；执业资格是国家对某些责任较大、社会通用性较强、关系公共利益、涉及人身安全/重大财产安全和广大消费者利益的职业实行的就业准入制度，是劳动者依法独立开业或从事某一特定职业所需的学识、技术和能力的必备标准。

职业资格分别由人力资源和社会保障部通过学历认定、资格考试、专家评定、职业技能鉴定等方式进行考核，对合格者授予国家职业资格证书。

二、职业资格证书

职业资格证书是表明劳动者具有从事某一职业所必备的学识、技术和能力的证明。它是劳动者求职、任职、开业的资格凭证，是用人单位招聘、录用劳动者的主要依据，也是境外就业、对外劳务合作人员办理技能水平公证的有效证件。

拓展阅读

学历证书与职业资格证书的区别

"双证书"是指学历证书和职业资格证书。学历证书主要反映证书持有人学习的经历和文化理论知识的水平；职业资格证书主要反映证书持有人为适应职业劳动需要而运用相关知识和技能的能力。

双证书制度是我国目前职业教育的一种理想培养模式。

学科性教育和职业性教育的区别

教育从内容上可以分为两大方面，即学科性教育和职业性教育。在基础性教育完成后，一切教育都将沿着以下两个主要方向发展：一是按照学科体系自身的内在逻辑，在学科领域内发展；二是按照职业活动自身的内在逻辑，在职业领域内发展。学科性方向更侧重于理论、知识和学术的严谨与完整，是推动科学发展的武器。而职业性方向更侧重于生产和工作的实际需要，是推动科学转化为现实生产力的武器。我国过去长期偏重学科性教育，忽视了职业性教育，导致职业性教育往往照抄照搬学科性教育，没有自己独立的方向。学科导向的教育培训与职业导向的教育培训有完全不同的结构特征：学科导向的教育培训通常沿袭着"基础—专业基础—专业"的传统结构体系发展，由此也决定了相应结构特征的考核，在这样的体系中,受教育者接受系统性强、符合学科发展需要的知识和技能训练。但是,这种体系由于自身相对独立于经济和生产活动,与实际工作有一定的距离;职业导向的教育培训和考核结构是以职业活动的实际需要为出发点,近年来,通过运用职业功能分析方法,研究确定了职业教育培训和考核的内容新体系,并已将其运用到国家职业标准的制定工作中。

对应学科性教育和职业性教育的分别是,学历证书和职业资格证书。

三、职业资格证书制度

职业资格证书制度是指按照国家制定的职业技能标准或任职资格条件,通过政府认定的考核鉴定机构,对劳动者的技能水平或职业资格进行客观公正的、科学规范的评价和鉴定,对合格者授予相应的国家职业资格证书的一种制度。它是劳动就业制度的一项重要内容,也是一种特殊形式的国家考试制度。

职业技能鉴定分为知识要求考试和操作技能考核两部分,主要内容包括职业知识、操作技能和职业道德三个方面。这些内容是依据国家职业(技能)标准、职业技能鉴定规范(即考试大纲)和相应教材来确定的。知识要求考试一般采用笔试,操作技能考核一般采用现场操作加工典型工件、生产作业项目、模拟操作等方式进行。经鉴定合格者,由劳动保障部门核发相应的职业资格证书。

在中国,职业资格证书根据不同的职业,分为全国统一鉴定和省级劳动部门统一鉴定两种。全国统一鉴定的时间一般为每年的 5 月和 11 月。实行全国统一鉴定的职业有秘书、营销师、物业管理员、电子商务师、项目管理师、心理咨询师、企业人力资源管理师、企业信息管理师、物流师、网络编辑员、理财规划师、广告设计师、职业指导人员、企业文化师、企业培训师共十五个职业,其余的职业均为省级劳动部门统一鉴定。

劳动者如要取得职业资格证书,可自主到当地政府部门认定的职业技能鉴定机构申请参加职业技能鉴定,根据所申报职业的资格条件,确定自己申报鉴定的等级。如果需要培训,要到经政府有关部门批准的培训机构参加培训。

根据《职业技能鉴定规定》(劳部发[1993]134)的有关规定,办理职业资格证书的程序为:职业技能鉴定所(站)将考核合格人员名单报经当地职业技能鉴定指导中心审核,再报经同级劳动保障行政部门或行业部门劳动保障工作机构批准后,由职业技能鉴定指导中心按照国家规定的证书编码方案和填写格式要求统一办理证书,加盖职业技能鉴定机构专用印章,经同级劳动保障行政部门或行业部门劳动保障工作机构验印后,由职业技能鉴定所(站)送交本人。

四、国家职业资格等级及标准

根据原劳动和社会保障部规定,国家职业资格分为五个等级,从高到低依次为高级技师(一级)、技师(二级)、高级技能(三级)、中级技能(四级)和初级技能(五级)(如下图所示)。

根据原劳动和社会保障部制定的《国家职业标准制定技术规程》的规定,各等级的具体标准为:

国家职业资格五级(初级技能):能够运用基本技能独立完成本职业的常规工作。

国家职业资格四级(中级技能):能够熟练运用基本技能独立完成本职业的常规工作,并在特定情况下,能够运用专门技能完成较为复杂的工作;能够与他人进行合作。

国家职业资格三级(高级技能):能够熟练运用基本技能和专门技能完成较为复杂的工

作,包括完成部分非常规性工作;能够独立处理工作中出现的问题;能指导他人进行工作或协助培训一般操作人员。

国家职业资格二级(技师):能够熟练运用基本技能和专门技能完成较为复杂的、非常规性的工作;掌握本职业的关键操作技能技术;能够独立处理和解决技术或工艺问题;在操作技能技术方面有创新;能组织指导他人进行工作;能培训一般操作人员;具有一定的管理能力。

劳动和社会保障部颁发的职业资格证书一般分为5个等级

高级技师
技师
高级技能
中级技能
初级技能

国家职业资格一级(高级技师):能够熟练运用基本技能和特殊技能在本职业的各个领域完成复杂的、非常规性的工作;熟练掌握本职业的关键操作技能技术;能够独立处理和解决高难度的技术或工艺问题;在技术攻关、工艺革新和技术改革方面有创新;能组织开展技术改造、技术革新和进行专业技术培训;具有管理能力。

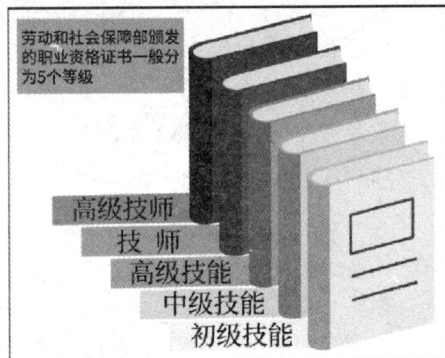

五、职业资格证书制度有关法律法规

(一)国家有关法律规定

1. 1995年实施的、2018年修正的《中华人民共和国劳动法》第六十九条规定:"国家确定职业分类,对规定的职业制定职业标准,实行职业资格证书制度,由经备案的考核鉴定机构负责对劳动者实施职业技能鉴定。"

2. 2018年实施的《中华人民共和国职业教育法》第八条规定:"实施职业教育应当根据实际需要,同国家制定的职业分类和职业等级标准相适应,实行学历证书、培训证书和职业资格证书制度。"

这些法律法规确定了国家推行职业资格证书制度和开展职业技能鉴定的法律依据。

(二)国家有关文件规定

1. 1991年10月17日,国务院发布的《关于大力发展职业技术教育的决定》指出:"凡进行技术等级考核的工种,逐步实行'双证书'(即毕业证书和技术等级或岗位合格证书)制度,并把技术等级证书或岗位合格证书,作为择优录用和上岗确定工资待遇的重要依据。"

2. 1993年2月13日,中共中央、国务院发布的《中国教育改革和发展纲要》指出:"专业性、技术性较强的岗位,应在获得岗位资格证书后上岗。""推行学历文凭、技术等级证书、岗位资格证书并重的制度,扭转升学、文凭、职称对于教育运行的片面导向作用。逐步建立职业岗位资格考核机构,实施各种岗位的资格考试和资格证书制度。"

3. 1993年11月,党的十四届三中全会通过的《中共中央关于建立社会主义市场经济体制若干问题的决定》指出:"要把人才培养和合理使用结合起来,配套改革劳动人事与干部选拔制度。要制定各种职业的资格标准和录用标准,实行学历文凭和职业资格两种证书制度,逐步实行公开招聘、平等竞争,促进人才的合理流动 。"

4. 1994年2月劳动部和人事部联合制定颁发了《职业资格证书规定》,规定了今后国家职业资格的种类、资格证书体系、证书作用、取得方式等。

5. 1994年7月3日,国务院《关于〈中国教育改革和发展纲要〉的实施意见》进一步明确:"大力开展多种形式的职业培训。认真实行'先培训,后就业'、'先培训,后上岗'的制度,使城乡新增劳动力上岗前都能受到必需的职业训练。在全社会实行学历文凭和职业资格证书并重的制度。"

6.1999 年 6 月 13 日,《中共中央　国务院关于深化教育改革,全面推进素质教育的决定》指出:"要依法抓紧制定国家职业(技能)标准,明确对各类劳动者的岗位要求,积极推行劳动预备制度,坚持实行'先培训,后上岗'的就业制度,继续改革大中专毕业生就业制度,使学生树立正确的择业观。地方政府教育部门要与人事、劳动和社会保障部门共同协调,在全社会实行学业证书、职业资格证书并重的制度。转变传统的人才观念,形成使用人才重素质、重实际能力的良好风气。"

想一想：

小林是某职校学生,学的是会计专业,在校期间,学习成绩一直很优异,但一直未参加会计职业资格考试。快毕业时,一个朋友告诉他,一家企业要招聘一名会计,薪水很诱人,小林想去试一试。请同学们想一想:小林现在可以承担企业会计的工作吗?

思考题

1. 就业的含义是什么？它有哪些基本特征？
2. 就业指导包含哪几部分内容？
3. 职业的概念是什么？它有哪些特点？
4. 确立正确的职业理想,需要哪些步骤？
5. 2015 版《中华人民共和国职业分类大典》将职业分为哪八大类？
6. 什么是职业资格？国家职业资格从高到低分为哪五个等级？

第二章 职业素质

┃ 教学目的和要求 ┃

　　让学生了解职业素质的含义和主要特征,掌握职业素质的基本内容和职场规则的一般常识,努力学习,勤于实践,不断提高自身的职业素质,为今后的就业和发展奠定坚实的基础。

　　职业素质是人才选用的第一标准,职业素质的高低是一个人职业生涯成败的关键。一般来说,劳动者能否顺利就业并取得成就,很大程度上取决于本人的职业素质,职业素质越高,获得成功的机会就越多。随着我国社会经济的不断发展,社会对各类从业人员的职业素质提出了越来越高的要求。

第一节　职业素质概述

一、职业素质的含义

　　素质包括先天素质和后天素质。先天素质是指通过父母遗传因素而获得的素质,主要包括感觉器官、神经系统和身体其他方面的一些生理特点。后天素质是指在人的先天生理基础上,受后天的教育训练和社会环境的影响,通过自身的认识和社会实践,逐步养成的、内在的、比较稳定的、长期发挥作用的身心特点及其基本品质。

　　职业素质是指职业劳动者在先天生理基础上,受教育训练和社会环境的影响,通过自身的认识和社会实践,逐步养成的、内在的、比较稳定的、长期在职业活动中发挥作用的身心特点及其基本品质。它包括两个方面的内容:一是专业职业素质,即专业技术、专业能力、方法技巧等技术职业素质;二是综合职业素质,即职业观念、职业道德、职业习惯等非技术职业素质。

二、职业素质的主要特征

1.职业性

不同的职业,职业素质的要求是不同的。对建筑工人的职业素质要求不同于对护士的职业素质要求,对商业服务人员的职业素质要求不同于对教师的职业素质要求。

2.稳定性

一个人的职业素质是在长期的职业活动中形成的,一旦形成,它便具有相对的稳定性。比如,一位教师经过多年的教学,就会逐渐形成怎样备课、怎样讲课、怎样热爱自己的学生、怎样为人师表等一系列教师职业素质,同时保持相对的稳定。

3. 内在性

职业从业人员在长期的职业活动中,经过自己不断地学习、认识和亲身体验,会有意识地把某些职业素质内化和积淀下来,并加以升华,这就是职业素质的内在性。如我们常说:"把这件事交给小张师傅去做,有把握,请放心。"人们之所以放心他去做,就是因为他的内在素质好。

4. 整体性

从业人员的职业素质和他的整体素质有关。我们说某某同志职业素质好,不仅指他的思想政治素质、职业道德素质好,而且还包括他的科学文化素质、专业技能素质好,甚至还包括他的身体素质、心理素质好。一个从业人员,虽然思想政治素质好,但科学文化素质、专业技能素质差,就不能说这个人整体素质好。相反,一个从业人员科学文化素质、专业技能素质都不错,但思想政治素质比较差,我们也不能说这个人整体素质好。所以,职业素质的一个很重要的特点就是它的整体性。

5. 发展性

一个人的职业素质是通过接受教育、自身的社会实践和受社会影响而逐步形成的,它具有相对稳定性。同时社会发展又对人们不断提出新的要求,人们为了更好地适应、满足和促进社会发展,总是需要不断地提高自己的素质。所以,职业素质具有发展性。

三、职业素质的主要内容

1. 身体素质:指体质和健康(主要指生理)方面的素质。

2. 心理素质:指认知、感知、记忆、想象、情感、意志、态度、个性特征(兴趣、能力、气质、性格、习惯)等方面的素质。

3. 政治素质:指政治立场、政治观点、政治信念与信仰等方面的素质。

4. 思想素质:指思想认识、思想觉悟、思想方法、价值观念等方面的素质。

5. 道德素质:指道德认识、道德情感、道德意志、道德行为、道德修养、组织纪律等方面的素质。

6. 科技文化素质:指科学知识、技术知识、文化知识、文化修养等方面的素质。

7. 审美素质:指美感、审美意识、审美观、审美情趣、审美能力等方面的素质。

8. 专业素质:指专业知识、专业理论、专业技能、必要的组织管理能力等方面的素质。

9. 社会交往和适应素质:指主要指语言表达能力、社交活动能力、社会适应能力等方面的素质。

10. 学习和创新方面的素质:主要指学习能力、信息能力、创新意识、创新精神、创新能力、创业意识与创业能力等方面的素质。

四、影响和制约职业素质的主要因素

影响和制约职业素质的因素很多,主要包括:受教育程度、实践经验、社会环境、工作经历以及自身的一些基本情况(如身体状况等)。

五、良好职业素质的重要性

无论是初涉职场的新人,还是久经沙场的老将,都必须具备良好的职业素质,因为它决定着事业的成败。

1. 良好的职业素质是就业的前提

职业素质包括爱岗敬业、踏实肯干等职业道德和习惯的养成。如果一个人缺乏敬业精神，不热爱自己的岗位和职业，不脚踏实地、兢兢业业地工作，即使专业知识再渊博，操作能力再强，也不能做好自己的职业，更不能在自己的岗位上做出成绩。"有德有才是优品，有德无才是次品，有才无德是危险品，无德无才是废品。"只有那种德才兼备，不仅具有熟练的专业技术和技能，而且具有良好的职业道德的人，才能得到用人单位的青睐，顺利就业，成为行业的佼佼者。

小故事

北京市原 21 路公共汽车售票员李素丽，先后获得"全国优秀售票员""全国五一劳动奖章""全国优秀共产党员"等光荣称号。作为一名普通劳动者，她在平凡的售票工作岗位上，立足本职，无私奉献，把全心全意为人民服务的宗旨具体落实在自己每天的工作、学习和生活中，在平凡的工作岗位上做出了不平凡的业绩，成为社会主义精神文明和职业道德的典范。

> **想一想**：像李素丽这样的人，一辈子会愁没有工作吗？

2. 良好的职业素质是适应社会发展的条件

21 世纪是知识经济时代，各种知识更新速度加快，一个人即使具备了专业知识和技能等职业素质，但如果知识结构陈旧老化，不进行新知识、新技能的学习和更新，也很难适应当今社会的发展。良好的职业素质，会促使自己培养终身学习的能力和习惯，不断进行知识的补充和更新，适应社会的发展，满足今后换岗、改行、转业的需要，紧跟世界和国家的发展大潮。

小故事

小张和小王是某一职业学校的毕业生，两人同时被我国一家知名石油公司录用。进入企业后，小张坚持每天比其他人早到办公室，做好办公室的清洁卫生工作，并提前做好工作准备，在工作中脚踏实地、兢兢业业，虚心向前辈学习，两年后成了公司的骨干员工，并获得了升职加薪的机会。而小王则自恃聪明，上班经常借机偷懒，嫌苦怕累，怕困难，耍小聪明，对待工作挑三拣四，好高骛远，频频跳槽，两年后依然没有提升。

> **想一想**：立足本职，不断学习，对自己有什么重要作用？

3. 良好的职业素质是开拓创业的基础

创业精神教育是职业教育的主要内容之一。具备创业精神职业素质的人才，除了应具备专业技术基础和技能外，还应该具有应用知识并能将其转化为自身素质的能力，主动去适应周围环境的发展要求。世界经济一体化的发展和我国加入世界贸易组织，使我国与世界各国的经济联系和合作明显加强，就业竞争加剧。社会需要创新型人才，缺乏创业精神，不具备创新知识、创业能力和综合协调能力的人，在当今人才竞争中很难立足，很难适应社会对人才的需要。

职校学生虽然不是创业的主力军，但是也需要具有创新精神和能力。职校学生应努力培养自己的创新精神,增强创业意识,在社会发展中争得自己的一席之地,为社会主义建设事业作出自己应有的贡献。

小故事

　　故事的主角是一个利用暑假到东京帝国饭店打工的女大学生,负责刷洗这家五星级酒店卫生间的马桶。把手伸进马桶刷洗的第一天,她差点儿吐在马桶里。好歹熬了几天,正当想辞工的时候,她惊奇地发现,一位老清洁工在洗完马桶后,居然从中舀了一杯水喝了下去,并且自豪地说,经她洗过的马桶,里面的水干净得可以喝!女大学生受到很大的震撼和启发,打消了辞工的念头。暑假临结束时,经理前来查验清洁效果。她当着众人的面,从自己清洗过的马桶里舀了一杯水,毫不犹豫地喝了下去。在场所有人都为之震惊,经理当即断定,这位打工的女大学生绝对是企业需要的人。毕业后,她顺利进入了这家酒店工作,并成为酒店最出色和晋升最快的员工。37岁后,她步入政坛,很快成为日本内阁邮政大臣——她的名字叫野田圣子。

> **想一想**:当清洁工的野田圣子的职业素质,对她今后的事业有什么重要影响?

第二节　职校学生必备的职业素质

　　职校学生必备的职业素质,是指每个职校学生——无论学的是什么专业,今后从事的是什么工作,都应该具备的、最基本的、生存和发展需要的通用职业素质。根据有关调查显示,近年来,用人单位对职校学生必备的职业素质要求主要有以下几个方面。

一、思想品德素质

　　古语曰:"才德全尽谓之圣人,才德兼亡谓之愚人,德胜才谓之君子,才胜德谓之小人。"在素质教育中,与专业知识、专业能力的培养相比,思想品德素质的培养是全面素质教育中最根本、最重要的方面,更能在深层次上反映人才的质量。思想品德素质是职校学生非技术职业素质的核心。

　　思想品德素质,是职校学生在思想意识、政治信念、政治立场、爱国主义、集体主义、公民意识、法制观念等方面的综合体现,是需要长期历练才能养成的潜在的职业文化底蕴,是一个人能否适应社会、实现自我价值的前提条件,也是企业提高团队凝聚力和执行力的有效保证。它包括树立科学的世界观,确立正确的政治方向和立场,增强政治敏锐性和鉴别力,培养坚定的共产主义信念、全心全意为人民服务的思想、高尚的道德情操、诚挚的爱国主义情感、强烈的主人翁意识和法制观念等。

　　在职业活动中,学生的思想品德素质具体体现为职业道德。职业道德是所有从业人员在职业活动中应该遵循的行为准则,主要内容是:爱岗敬业,诚实守信,办事公道,服务群众,奉献社会。

　　1. 爱岗敬业

　　爱岗敬业,就是以恭敬严肃的态度来对待、热爱自己的工作和职业,就是对自己的本职工作一丝不苟、尽心尽力、忠于职守,为实现自己的职业目标而努力奋斗。一个人要做好自己的本职工作,没有爱岗敬业的职业精神是绝对不行的。爱岗敬业是职业道德的基础和核心。

拓展阅读

诸葛亮治蜀国鞠躬尽瘁留美名

诸葛亮是我国历史上著名的政治家、军事家,被视为中华民族智慧的化身、大智大勇的代表。

东汉末,刘备三顾茅庐,请诸葛亮做其军师。当时,刘备实力较弱,诸葛亮建议刘备联合孙权对付曹操。诸葛亮对内充实国家力量,安定人民生活;注重选拔人才,任人唯贤;赏罚分明;虚心征求各方面的意见;严格要求各级官吏,惩办贪污不法行为,以树立官员廉洁奉公的风气。

诸葛亮一生不辞辛苦,兢兢业业,为国为民,呕心沥血,兑现了他在《后出师表》中所说的"臣鞠躬尽瘁,死而后已"的诺言。

2.诚实守信

诚实,即忠诚老实,就是忠于事物的本来面貌,不隐瞒自己的真实思想,不掩饰自己的真实感情,不说谎,不作假,不为不可告人的目的而欺瞒别人。守信,就是讲信用,讲信誉,信守承诺,忠实于自己承担的义务,答应了别人的事一定要去做。

中国有句老话:"一次不忠,百次不用。"如果一个人曾经欺骗了你,你还会再相信他第二次吗?正所谓"人欺我一次,则人可耻;人欺我两次,则我可耻。"千百年来,诚实守信一直是一个人立身于社会的基本准则,更是社会主义市场经济的道德要求。在职业活动中,诚实守信具体表现为:诚实劳动,守信用,重合同,不偷工减料,不以次充好,不制假售假等。

小故事

1935年,正值美国经济大萧条时期,有一个10岁的小男孩在一家糖果店工作,每天要向100家商家递送商品。即使他辛苦地每天干12小时的活,却只能挣到一个三明治、一杯饮料和50美分。有一天,小男孩在桌子下面捡到15美分,他毫不犹豫地将钱给了老板。老板很感动,因为钱是他故意放在桌子下面的,目的是想看看小男孩是否值得信任。小男孩一直在这家糖果店工作到高中毕业,他的诚实使他在美国经济最困难的时期保住了自己的工作。后来,小男孩还干过许多工作:侍者、停车场服务员、清洁工等。这个小男孩就是现在新泽西—曼哈顿航运线的老总兼APT卡车运输公司的总裁阿瑟·固佩拉托雷。

3.办事公道

办事公道,是指从业人员在职业活动中,要公正、公平。在处理问题时,要按照同一标准和同一原则办事;在对待不同对象时,要一视同仁,不因职位高低、贫富、亲疏而加以区别。具体表现为:坚持原则而不假公济私、损公肥私,一视同仁而不厚此薄彼、趋炎附势。

4.服务群众

服务群众,是指从业人员在职业活动中,心里要装着群众,热情、周到、耐心地为工作对象服务,认真听取服务对象的意见,了解服务对象的需要,提高服务质量。

5.奉献社会

奉献社会,就是指从业人员无论从事何种职业,都要有主人翁精神,都要有为了他人、为了国家和社会的崇高境界。

职校学生应该端正职业态度,努力学习职业道德知识,掌握职业道德规范,经常进行自我反思,增强自律性,树立正确的职业理想,提升职业生涯中的思想品德素质。

二、科学文化素质

科学文化素质,是指个人拥有和掌握的科学文化状况,包括个人所具有的自然科学知识、社会科学知识、思维科学知识等各科知识组成的知识结构,运用各科知识分析问题和解决问题的能力,以及个人在社会实践中对知识的运用能力。

科学文化素质是从业人员必备的素质。良好的科学文化素质是学习和掌握职业技能的基础。生产力的发展,新兴产业的崛起,新技术的应用,都对劳动者科学文化素质提出了更高的要求。科学文化素质高,新知识、新科技就容易掌握;反之,就不容易掌握,学起来也比较困难。不同职业对从业人员科学文化素质的要求是不同的,因此,要求每位学生努力学习本专业规定的各门科学文化知识课程,扎扎实实地提高自己的科学文化素质。

1.培养良好的学风

学风是指学习的态度和风格。勤奋、刻苦、扎实、谦逊、创新等都是青年人应培养的好学风。良好的学风很重要,是否具有良好的学风在一定程度上决定着一个人在探索知识的道路上能否成功。

扎实的学风是人才成功的必备条件之一。渊博的知识是在扎实的学习中获得的,惊人的创造是在扎实的劳动中产生的,闪光的思想是在扎实的探索中凝聚的。扎实的学风是掌握知识和技能的保证。

学习需要创新,勇于创新也是一种优良的学风。具有创新精神的人,在学习中不仅能够博采众家之长,而且能够有自己独到的见解,他们靠着创造性的提炼、升华,获得崭新的成果。

2.养成良好的学习品德

在学习过程中,学习品德既支配学习方法的运用,又关系学习能力的培养,还影响学习效率的提高和学习目标的实现。因此,职校学生一定要加强学习品德的修养,培养自己良好的学习品德。

小故事

曾经有一位学者向一位著名的禅师问禅,学者一见到禅师,就滔滔不绝地说开了。禅师没有说话,只是静静地以茶相待。他把茶水缓缓地倒入这位学者的杯中,直到杯子满了,禅师停下,看了一眼这位学者,学者并没有急着去喝茶。稍后,禅师又继续往学者的杯中倒水,这位学者眼睁睁地看着茶水不断从杯中溢出,忍不住说:"大师,茶水已经溢出来了,请不要倒了。"禅师说:"你就像这只杯子,脑子里装满了你自己的想法,如果不先把自己的杯子'空'掉,叫我如何对你说禅?"

3.养成终身学习的习惯

当今社会经济飞速发展,知识更新速度加快,"一次学习,终生够用"的时代已经一去不复返了。明天的"文盲"不再是没有文化的人,而是那些没有学会如何学习的人。

如果个人的能力跟不上单位发展的速度,就会被淘汰;如果个人不能把握单位的发展方向并做好知识储备的话,仍会被淘汰。总之,如果一个人不能终身学习,终将被淘汰。

小故事

美国著名的指挥家、作曲家达姆罗施在 20 多岁时,就已经当上了乐队指挥。刚开始时,他有些头脑发热、忘乎所以,自以为才华横溢,没人能取代自己指挥的位置。直到有一天排练,他把指挥棒忘在了家里,正准备派人去取时,秘书对他说:"没关系,向乐队其他人借一根就行。"这话把他搞糊涂了,他暗想:除了我,谁还可能带指挥棒?但当他问"谁能借我一根指挥棒"时,大提琴手、首席小提琴手和钢琴手分别从他们的上衣内袋中掏出了一根指挥棒,并恭敬地递到他面前。他一下子清醒过来,意识到:自己并不是必不可少的人物,很多人一直都在暗暗努力,随时可以替代自己。从此,每当他想偷懒或骄傲的时候,就会看到三根指挥棒在眼前晃动。

具备良好的科学文化素质,对职校学生更好地适应工作岗位,并在工作中不断学习提高,开拓创新,最终实现自己职业理想提供了文化准备。良好的科学文化素质是职校学生实现自己的职业理想所应具备的基本的职业素质。

三、专业技能素质

专业技能素质,是指在教育者的指导下,通过学习和训练,逐渐形成的操作技巧和思维活动能力。它主要包括动作技能素质和智力技能素质两个方面。

动作技能素质亦称操作技能素质,是通过职业实践或反复练习而形成并巩固起来的合乎法则的操作能力素质。职业学校要突出自身的办学特点,把培养学生具有从事某种职业或生产劳动所需要的知识和技能作为头等大事,在传授学生一定知识和理论的基础上,重点进行实用性和操作技能的训练,通过开放的形式和形象的教学与训练手段,促进学生专业技能素质的养成。

在校期间,职校学生应注意手脑并用,科学分配练习时间,全面掌握专业知识,熟练掌握操作要领,只有这样,才能具备更好的专业技能素质。良好的专业技能素质、过硬的专业业务能力,是职校学生进入社会后,长期在职场上立于不败之地的基本保障。

(一)夯实专业理论根基

1.厚基础

职业学校要实现培养学生更好适应职业生活的目标,首先要把学生的基础理论知识根基夯实,使学生学习和掌握专业技能得心应手。基础理论知识包括两大类,即文化科学知识和专业基础知识。职业学校通过文化课(政治、语文、数学、外语、体育、物理、化学、生物、历史、地理等)教学,可以全面提高学生文化素质,并为其专业基础知识的学习作好准备;通过专业基础课教学,可以培厚学生专业知识的智能基础,并为轻松学习专业知识和专业技能作好准备。这对职业较早定向的职校学生来说尤为重要。基础理论知识的学习应为职校学生奠定针对一个类群职业继续学习的基础,不应是接受教育的终点,而是定向教育的开始,是终生学习的新起点。

2.宽口径

随着生产力与经济发展水平的提高,人才市场已不再满足劳动者只具有一技之长;随着新兴高科技的发展、科技进步周期的不断缩短和传统产业结构的调整,劳动者工作流动与职业更换日趋频繁;随着科学知识的综合化发展趋势,传统学科体系及行业的界限被打破,劳动者需要具备宽厚的智能基础。因此,为适应劳动就业竞争的需要,职校学生必须以一个专业的基础知识为主,兼学相近相关的专业基础知识,扩大就业口径,成为复合型人才。许多大类专业有着共同的专业基础知识,如电子电器类的视频、音频设备维修专业,制冷、电热器具维修及电子装配专业等都拥有相近的专业基础知识;财会类专业的会计、金融、统计、税务等也具有相近的专业基础知识。职业学校在教学中要精选有关内容,编写校本教材,帮助学生打好全面的知识基础;每周应安排特定的时间,构建各种兴趣小组活动平台,让学生打破专业限制,从主修的专业中走出,积极参与到兴趣所指的每个活动中去,提升学生的综合素质。

(二)发挥主体作用 提高专业技能水平

专业技能是由各个操作环节组成的,要掌握专业技能,就要掌握各个环节的操作要领。学习操作要领,应充分发挥听觉和视觉的作用,在听懂讲解、看清示范的基础上,认真模仿练习,在模仿中不断纠正错误操作,逐步地、熟练地掌握操作要领。

1.全面练习

要形成专业技能,首先要进行单项技能训练,在基本掌握单项技能的基础上,把各项单项技能综合起来练习,做到各单项操作连贯、协调,从而全面掌握整个操作技能。

2.注意手脑并用

在专业技能训练中,除加强动手练习外,还必须勤动脑,这不仅有利于加深记忆,更重要的是还可以创造性地掌握专业技能。

3.科学分配练习时间

在进行专业技能训练时,要做到集中练习与分散练习相结合。比较好的分配方案是:开始学习阶段,训练频率要高,但时间不宜过长,以后就可以逐渐减少训练次数,但需要延长每次训练的时间。

4.不择练习时机和场所

技能训练不能只局限在学校、实验室和车间,也不能局限在学期中,职校学生应随时把握在社会、家庭里,在假期中的练习机会,将技能训练与生产实践紧密结合,有利于养成更为全面的专业技能素质。

四、身体素质

身体素质是从业人员体格和精力的统称。它是由人的自然生理结构、生理机能、人体运动状况构成的,如力量、速度、耐力、灵活性、平衡、柔韧性等,还包括疲劳后的恢复能力。

不同职业对从业人员的身体素质要求是不同的。铸造、冶炼、建筑、搬运等劳动强度大的职业,对从业人员的力量、耐力等方面要求较高;脑力劳动的职业,对从业人员的智力、思维能力等方面要求较高。

身体素质是从业人员最基础的素质。良好的身体素质是我们选择职业、进行祖国社会主义建设的本钱。现代社会,生活繁忙,节奏紧张,要求投身工作的每个人都必须具备健康的体魄。

良好的身体素质,一方面是先天遗传的,另一方面是后天培养和锻炼出来的。希望同学们合理安排学习和休息时间,养成良好的生活规律,杜绝不良的生活习惯,加强锻炼,增强体质。

五、心理素质

心理素质是指人在自我认知、情绪情感、意志、性格、价值观以及社会交往与适应能力等方面的素养,包括信心、意志力、兴趣等品质上的特征。良好的心理素质不仅有助于学好专业知识和专业技能,而且还有助于培养高尚的道德情操,有助于承受市场经济环境下的各种压力,为祖国建设作出贡献。现在大部分用人单位对职校学生的要求,不仅注重专业技能,而且更注重综合素质。在综合素质的培养过程中,心理素质的好坏决定着综合素质的高低。比如,良好的工作态度要以良好、稳定的情绪作支撑;优秀的团队精神以宽容的心态为基础。因此,职校学生要注重培养、提高以下几种心理素质。

1.提高自控调节的能力

一个健康的人应该能够有意识地、适当地对自己的情感表达方式、情绪反应强度、动机的趋向和水平、思维的方向和过程、行动的指向和方式等进行控制和调节。当一个人的自我控制和调节能力处于较高水平时,会表现出以下特征:思维敏捷,逻辑严谨,语言流畅;情感表达充分、准确,不卑不亢;行为灵活、有效;容易获得满足感等。

2.增强对环境的适应能力

个人对于所处的自然条件、生活环境、工作氛围、人际关系及自身的内部环境,应该保持良好的适应能力。当以上环境发生变化时,应该能够较快地调整自己的应对方式,重新获得良好的适应感受,不会因为缺乏灵活性而导致身心出现障碍或不良反应。

3.增强心理的耐受力

耐受力是指对于强烈、持久的精神刺激或压力能够有较强的承受力和抵抗力。如遇到亲人亡故等短暂而强烈的刺激,或遇到疾病缠身等持久的精神压力,可以坚强地承受并理智地处理,或者以更积极、有效的方式化解,使之转变为进取的动力,不会因为刺激和压力而导致心理活动出现紊乱、活动效率下降,甚至情绪失去控制等情况。

4.改善社会交往的能力

保持正常的社会交往,是进行职业活动的必要条件。职校学生应从对自己有益的角度出发,主动与周围的人交往,自觉、恰当地选择交往的对象、范围和方式,把握交往的目的、深度与方向,扩大社会联系,增进与他人的交流,从而保证个人能得到他人的情感温暖,能被他人接纳,能得到他人的帮助,能从他人那里获取有用的信息。

5.增强心理的自我康复能力

人生在世,不如意的事情常常会发生,严重的打击和厄运也难以完全避免,所以,人生的任何时期,都有可能蒙受心理创伤,致使自己的情绪、行为等暂时偏离常态,甚至导致身心疾病。但是,每个人都有不同程度的自我康复能力,可以自己消除心理创伤的阴影,重新恢复往日的活力。较强的心理自我康复能力意味着:有较清晰的自我意识,有较积极的人生态度,有改变自己的坚定信念,从态度到行为能够较顺利地融入新的模式中。

小故事

某职业学校旅游与酒店管理专业的学生小王,在校时学习成绩很好,参加顶岗实习时,被学校安排到市内一家五星级酒店实习。由于小王在校期间表现优秀,外形也比较好,被酒店安排到前台实习,而其他同学大都被安排到客房部或餐饮部做服务员。由于被安排的岗位相对而言要稍微体面和轻松一点,这让小王感到非常开心,觉得自己得到了企业的认可。三个月后,酒店安排轮岗,小王轮到相对比较累的客房部实习,这让小王心里有些接受不了,觉得不公平,觉得自己优秀却没有被重视,无法接受现实。小王因此郁郁寡欢,最终得了严重的抑郁症而不得不终止实习,回家治疗。

议一议:
小王该如何调整自己的心态?

第三节 掌握必要的职场规则

社会中的政治与经济是密不可分的。在职场中,职场规则与个人能力、个人发展同样也是密不可分的。职场规则是商业世界无法回避的,若妥善处理,职场规则会促使工作更为圆满、更为顺利地进行。反之,玩弄职场规则会带来消极影响。职场人士如果想在事业上有所成就,就必须掌握并善于利用职场中的积极规则,为自己的职业生涯铺平道路。

一、驾驭职场的五大规则

1. 必须明白企业里谁是关键人物,并与之建立伙伴关系

首先要弄清哪些关键人物在某种程度上会影响你在公司的发展。这些关键人物,在业务能力和处理人际关系方面必有过人之处。他们是员工工作中的领路人,能帮助员工加快成长的进程。所以当你在职场有目标、有想法时,一定要和他们建立伙伴关系,争取他们的帮助,这往往可以事半功倍。这些关键人物,会在关键时刻给予你必要的支持和保护。员工对自己的领导应保持基本的尊重,要服从领导的管理和决定,努力工作,力争取得较好的工作业绩;要敢于担当,多排忧解难,又要不喜形于色。即使与领导出现分歧,也要私下交流,避免当众与之发生冲突。

2. 与同僚建立协作关系

首先,要做一个受欢迎的人,这不是件容易的事情。职场上的文明礼仪是个人基本修养的折射,不能仅仅为了受欢迎而戴上"假面具",在岗位上很刻意地面带微笑;而应当把个人的基本素养自然地、本能地带到岗位上,以一种平和的、积极的心态对待工作和他人。其次,不能闷声不响,也不能锋芒太露;不能让他人怀疑你的能力,也不能因为你显露才华而遭遇妒忌;不在办公场所谈私事;人前人后不要说人是非;尊重同事的兴趣和爱好;不将个人好恶带入职场;注意经济上的细节往来。简言之,职场交往需要把握好人际关系的细节,掌握好与同僚交往的"度"。

3. 了解公司的战略目标,并想办法参与其中

公司的战略目标是决定整个公司前途和命运的核心,能否参与其中,对于你在公司的位置、晋升速度等都有非常重要的影响。参与到关系公司命运的进程中来,你才可能成为真正意义上的重要人物,成为不可替代的人;你才能被关键人物列入晋升候选人名单。

4. 行为举止职业化,能够策略性地解决冲突

职业化是职场人必须经历的过程。首先,它会让你逐渐符合你所在岗位的所有标准,能够极大地发挥职位的作用,而且能将与职位不相符的"枝节"全都去掉,方便更好地实现自我

价值,让领导更快地体会到你的重要,进而得到晋升的机会。其次,职场冲突是可以顺利化解的,问题的关键是要将冲突视为可以解决的问题。先确认冲突的源头,沉稳而冷静地面对,要避免进行人身攻击,充分发挥沟通协调的功能,再采用恰当的方式解决冲突。使每个人都成为赢家,冲突才能迎刃而解。

5. 职场幽默化生存法则

在职场中,生存需要严阵以待,但有时更需要幽默来点缀。职业压力增大导致职场人在工作中事事小心。其实,在不影响工作的前提下,开个合适的玩笑,幽默一把,是控制情绪,激励自己,以及和谐人际关系的好办法。常常打破严肃尴尬的气氛,会给职场生活注入新鲜活力,有助于提高工作效率,往往也能赢得领导的青睐。

是否能够得到领导提拔,通常取决于你对单位的价值和贡献。然而,能否将自己的才华和抱负等值地转化为现实价值,职场规则起着微妙的作用,善于利用职场规则的积极作用,将大大提高成长的速度。

二、职场规则常识

在现代职场上,要想实现梦想,取得成功,取决于每个人的常识、学识和胆识。常识是最基本的,只有具备了实用的常识,才能形成卓越的品格;学识是个人工作能力不断提升的保障;胆识则是突破常规思维模式和习惯、勇于创新的武器。这三大要素在那些成功人士身上往往呈金字塔结构,而这个金字塔的基础就是常识。三分做事,七分做人,现代职场人必须具备丰富的做人、做事的常识。即使在强调数据和制度的西方职场,也一样重视常识,重视交流沟通和团队精神。可以说,常识是每个人在职场实现梦想、取得成功的最坚实基础。每位职场中人,只有及时补足常识课,才能满足现代职场的需要。

(一)遇事不要苛求

陈明与方芳都被选入公司优秀员工候选人,最后,方芳被确定为本季度的优秀员工。这令陈明很不满,他认为方芳平时工作表现一般,竟然被选为优秀员工,其理由只有一个,那就是因为她的舅舅是该集团分公司的经理。

凡事一味追求公平往往不会有好结果,"追求真理"的正义使者也容易遭人嫌。有时候,你所知道的表象未必能成为申诉的证据或理由。等你深入了解公司的运作文化,慢慢熟悉上司的行事风格,可能也就能够坦然接受了。

与白纸黑字、公众认可的显规则不同,潜规则恰如摆不上桌面的小菜,从不会大鸣大放地写在告示板上,却需要你擦亮双眼默默参透。

(二)不要向同事借钱

一种叫作同事的人际关系,阻碍了职场里的资金往来。同事是以挣钱和事业为目的走到一起的革命战友,虽然比陌生人多一份熟悉,但终究不像朋友有着互相帮衬的道义,若离开了办公室这一特定环境,还是各奔东西。因此,如果不想和同事的关系错位或变味,就最好不要向同事借钱。

显规则告诉我们,同事之间要互相帮助、团结友爱。而潜规则却说,不是谁都可以当成借钱人,向同事借钱要慎重,同时也要避免借钱给同事,尤其是金额较大时。

(三)闲谈莫论人

都说言多必失,当然,言少也不一定没有失误,若是在错误的时间、错误的地点、面对错误的对象,说了一句涉及具体人或具体事的不适当的话,有时后果更为严重。

显规则告诉我们"闲谈莫论人非",潜规则将其深化为"闲谈莫论人",因为少了一个"非"字,自然就少了失言的机会。

(四)让上司赏识你

不论承认与否,有时那些表现出色、从不出事、也不需要上司来指点的人,未必能得到重用,甚至上司有可能并不喜欢,因为面对你的完美,无法发挥其指导作用,也无法显示其领导才干。这时候,完美反而成了问题。而那些大错不犯小错不断、又喜欢向上司请教的人,更容易获得机会,因为他们给上司预留了发挥的空间,这让上司很有成就感,即使日后升了职,也会被骄傲地冠名为"是我培养出来的"。

有时候,要学会适当地满足一下上司的虚荣心。我们升职加薪需要靠自己努力工作,靠真才实干获得,不过做事也要多请示上司,不要拒绝上司的支持和指导。

(五)不要轻易得罪公司的"闲人"

小华经过几轮面试才进入一家公司,她以为这是一家严格的公司,至少公司里肯定不会有闲人,可她很快发现,米星就是个工作悠闲、工资还不低的人。有一次,二人同去领办公用品,只剩下一个公文袋,人事同事将这唯一的公文袋给了米星。后来,人事同事对小华说了其中的玄机,公司的一些大客户是米星辛苦拉过来的。

如果你看到公司中有懒散之人,可以稍稍动动脑筋:上司肯定不是傻瓜,绝不会平白无故地让人白领工资,那些看似游手好闲的平庸同事,说不定正担当着救火队员的任务,在关键时刻,上司还需要他们往前冲呢。因此,千万别和他们过不去,事实上你也得罪不起。

努力敬业的同事值得尊重和学习,懒散悠闲的同事也不能轻易得罪。

(六)要有敏锐的嗅觉

在职场,天才少有,我们需要做一个敏锐的人,如果你不够敏锐,在职场的风云变幻中,很可能随时要卷铺盖走人。

吴天在游戏软件开发行业,一直保持旺盛的势头,原因是:他不仅注重游戏软件开发本身,还深谙"嗅觉"之道。他说:"人犯的最大错误,是不知不觉。所以你必须时刻提高警惕。这是一个科技资讯时代,原来是十年一个代沟,而现在一年甚至更短时间就是一个代沟了,越来越密集的代沟,让人一不留神就被淘汰了。"

(七)办公室生存靠智慧

上班族应看清一个事实,在办公室里,有规则是常态,没有规则是非常态。无视规则无异于过马路不看红绿灯,或是无异于台风来袭时不注意大雨及泥石流的消息。

办公室环境既然是由人组成的,每个个体的行为,都难免会影响到其他人的想法、整体的气氛、工作的进程。想在职场发光发热,除了具备才华,更重要的还有性格、情商、社交等许多看不见的能力。

才华及专业能力,在你初入职场的时候,可以为你的竞争力加分;当你正式成为工作竞技场上的战士后,真正能让你存活下来的能力其实是智慧。办公室规则考验的就是上班族在应变、协调等方面的智慧。

每个企业都有资源有限的难处,而且难免有分配不均的问题,利用一些适当手段来增加个人的正当竞争优势,无可厚非。

(八)耳听八方才显能

很多人天真地认为,只要自己专业过人,工作脚踏实地,又不惹是生非,总有一天上司会注意到我这块璞玉。可往往事与愿违,因为专业不是升迁的唯一指标,躲在计算机后面,不与同事交流,不会让你成为管理者。

还有些人说,办公室规则是高层才有的钩心斗角,与我们这种基层员工没什么关系。事实上,高层有高层的规则学问,基层员工也有基层员工的规则考题。

组织既然是人的组合,每个人都有自己的优先级和利害关系,假如不会协调人与人之间的关系,也就别痴心妄想平步青云。

上班族应认清办公室规则没有旁观者这一现实,这是一场你不参赛就会被判出局的游戏。妄想独善其身的人,很有可能被大家遗忘,甚至哪一天你就得卷铺盖走人。

这并不是鼓吹上班族要在办公室里兴风作浪,每役必与,而是提醒职场新人必须要保持消息灵通,随机应变。

(九)负责任而不背黑锅

职场上一定会有劳逸不均的现象,你也不能保证自己在工作上从不犯错,这时,责任的归属常会造成同事间的摩擦和不愉快。假如错在自己,良好的态度可以弥补一切过失,千万别急着把责任往别人身上推。当你说都是他人的错时,别忘了伸出去的只有食指,而另外四指却指向自己。最糟的莫过于自己犯了错还企图掩盖事实,撒一个谎,得用一百个谎来圆,谁有把握每个谎言都能编织得天衣无缝呢?

遇事不要推托卸责,脚底抹油,要在适当时候勇于承担责任,展现解决问题的诚意。人不可能不犯错,你的上司也知道这件事,某些时候,勇于承认错误反而会给同事、主管留下深刻的印象,树立负责任的形象。

(十)职场切莫树敌

同一个办公室里有年龄、条件相仿的同事,实在是件很讨厌的事,可能谁都会把你们两个人拿来比较,本来没有心结,慢慢也会生出不自然的情绪。

其实,办公室里同事间本来就是既合作又竞争的关系,若换个角度想,以健康心态看待竞争关系,当同事能力愈来愈强,就在无形中促使你提升实力。

器量狭小、排挤同事的人,一定也会遭到其他人的排挤。如果把同事当作阻挡前途的障碍,一定难以在办公室里立足。对于在办公室里跟自己有竞争关系的人,不妨试着去赞美他,或是请他帮一个小忙,往往可以神奇地化解彼此之间的敌意。在职场上,减少一个敌人的价值胜过增加一个朋友。

排挤人者,人恒排挤之。更积极的态度应该是:将能量放在挑战更高的目标上,真正的敌人永远等在你视线以外的地方伏击,为何不把在内部竞争的力气省下来向外发展呢?

（十一）不要流露你的野心

人人都想出头，但在办公室里，若过分显露自己对事业或职位的野心，无疑是公然挑衅同事和上司，同事会对你提高戒心，就是上司也会担心你是不是暗中觊觎其高位，对你百般提防，甚至把你架空、外调。

树大招风，事业心强是好事，野心可以有，但不可露。若事事强出头，求表现，反而会招致异样眼光。你可能会不解，表现积极难道有错吗？积极是值得鼓励的工作态度，但应该表现在分内的工作上，如果积极到过界，就会让别人觉得自己在公司的地位受到威胁，心眼较小的人甚至还会暗中扯你后腿，耍些小动作来阻挠你。

野心人人有，不过职位一向是僧多粥少。最好的方式是称职地做好分内之事，保持卓越的表现，但尽量维持低姿态，不要给别人威胁感，能人能在做大事上，而不在说大话上，切忌夸夸其谈。

（十二）越级表现要慎重

如果你有个看起来能力不怎么样的上司，非但不能帮助你在事业上成长，还卡住你的升迁之路，实在叫人急得跳脚。如果他感觉到你是潜在的敌人，恐怕还要处处跟你作对。沉不住气或一心力求表现的人，若自恃才高，越级直接跟上司接触，可是犯了兵家大忌。

有些角色，是只有坐在某个位子上的人才能扮演的；有些决策，是只有具备一定身份的人才能决定的；有些场合，是只有某个阶层的人才能独领风骚的。若想越级表现，恐怕只会适得其反，还不如将自己的角色做到恰如其分，等待属于自己的灯光亮起。

（十三）如何应对"分外"的工作

当上司交代给你不属于分内的工作时，通常有两种情况：一种是他认同你的能力，给你超越职位的挑战；而另一种则是他假公济私，把你当用人使唤，要你帮他处理私事。

理想的状况是：你做了分外的事，而且表现得很好，将来可得到应得的回馈，如新的职位或新的工作机会，或者你私底下帮了上司的忙，将来他会还你一个人情。然而，事情也有可能不如你想象的那般美好。

有一种情况，即使没有报酬你也应该去争取的分外工作，就是当你想要争取某个职位却没有相关背景或任何优势的时候。

私底下帮忙，要有分寸，而且要让对方清楚知道——你是卖他一个人情，不能养大他的胃口。该拒绝时，还是要明白说"不"，让对方知道你的底线所在。

（十四）宽容让职场少了硝烟

萧萧计算机上的设计方案被同事窃取了，她第一反应是愤怒，之后开始冷静思考：这位同事为什么那样做？肯定有她的原因和想法。她真诚地尝试替同事设身处地考虑："她一直是个有信誉的人，这一次，我想应该事出有因吧。"于是，她找到该同事，证实事出确实有因。后来，这位同事对朋友们说："当萧萧需要我时，我会献出一切。"

同在一个公司里，每个组织之间的关系就好像是个大家庭，应如同兄弟姐妹一般和和气气，团结一致。

如果发生什么不愉快的事，大家应开诚布公地解决，而不应将他视为"敌人"。因为大家都为公司服务，一旦这个组织溃不成军时，自己也必将深受其害。

亲密是介于组织、主管和员工之间的一条看不见的线。有了亲密感,才会有信任、牺牲及忠心。

(十五)让上司了解你的贡献

由于绩效评估包含大量的主观判断的成分,因此,让上司了解你的贡献是很重要的。如果你幸运地承担了一项只要成功就会引起他人注意的工作,那就没有必要采取直接的措施来提高你的知名度。如果你的工作是不怎么引人注意的,或者由于你的特殊贡献是团队成就的一部分而不为人所了解,在这种情况下,不要对你的业绩喋喋不休,自以为劳苦功高,而应该通过其他方式引起他人的注意。例如,在例行的工作报告中突出自己的成就;让满意的顾客向组织反映他们的意见;在社交活动中引起人们的注意,主动参与专业交流活动;与那些对你的成就评价较高的人建立良好的关系等。

(十六)认清你在职场中的位置

办公室就是一个大的团队,你在团队中,团队也有你;你成就了团队,团队也会成就你。而团队里的你应该怎么在团队里生存呢?

如果你是个还搞不清楚状况的新员工,别急着建立自己的小团体或是加入别人的小圈圈,万一不小心犯了高层的大忌,踩了别人的地盘,甚至选错队,那后果就比较严重了。

先弄清楚公司里的生态,最好是跟每个同事都保持良好关系,尽量不要被贴上派系标签。

我们要认清:团队的成功,就是个人的成功,个人对团队的贡献度愈高,在团队里的分量也愈重。切记:将功劳与荣耀归于团队的伙伴。

(十七)学会适度恭维他人

由于工作关系,Lily 所在的这个团队与上司接触的机会越来越多,其他的同事都趁着这个机会向上司大献殷勤,可是她却认为,只要把自己的工作做好就可以了,身边的好友却告诉她,和上司套套近乎是非常必要的,不然会影响到她在公司的位置。这令她非常苦恼,难道要得到上司的认可,就一定要恭维上司吗?

其实,Lily 苦恼的是如何平衡个人原则与组织原则之间的关系,也就是职业成熟度中的原则的弹性。如果把握不好,工作中很可能会因为个人原则与组织原则的冲突,影响自己的工作状态及方法。

在上司身边的人,一定是成长最快的人。学会适当地改变对上司的态度,创造一个和上司良好的沟通氛围,抓住机会,把它当成一个学习的良机,凭借自己的能力,得到上司的认可。这样,上司会愿意把自己的经验与你分享,要知道有些财富是无形的,往往也是最有价值的。这些会帮助你快速成长,非常有利于你今后的发展。

(十八)远离错误的举止

有些举止绝对不利于你的职业发展,请提醒自己千万别误踩以下职场地雷。

1.以轻视傲慢的态度对待上司

无论是私下,还是在公开场合,对你的上司表现出傲慢轻视的态度,只会伤害到自己。凡是打断上司的笑话,公开纠正他的错误,以及质疑他的决心等,都是不智之举。

2.越级上报

有些企管专家认为,越级报告是有效的"向上管理"策略。不过,多数证据显示,这样很可能会与直接上司结下梁子。因此,先行报告,得到上司的谅解后,再与高层主管沟通,这才是更正确的步骤。

3.公开挑战公司的信仰

每个公司都有一些价值观及信念,假如你公开批评这些信念,很容易被贴上"不忠诚"的标识。

4.接受不属于你的功劳

无论怎么说,抢功就是不对。上司抢下属的功,会扼杀员工士气;抢同事的功,明摆着是树敌;而抢上司的功,更是行不通。

5.随意"真情告白"

有些人一点话都藏不住,见到人就大吐苦水,要不就是背后批评,如此不挑对象地"真情告白",只会令自己的形象受损,还可能因遇人不淑而给他人一个自己不适合这个岗位的理由。

三、热点问题分析

(一)担心自己与领导的沟通有拍马屁之嫌怎么办

凡是讨论拍马屁的人,都是不会赞美自己的人,并且,当他发现有人赞美领导时,他也会觉得受不了。建议有这种想法的人,首先在生活中学会赞美自己,肯定自己,激励自己,这样,才会驱除"拍马屁"的困扰。可以肯定的是,每个人都喜欢听好听的话,没有人喜欢听别人骂自己的话。

(二)不善于沟通的人如何处理沟通问题

对于不善于沟通的人,如果与别人谈的都是一些比较重要的事情,不妨在与对方沟通前多作准备,列出自己需要沟通的事情,或多准备一些话题。假如你是一个销售人员,那么你肯定会和形形色色的人沟通。也许第一次沟通不够流畅,那么在之后的沟通前,你把遇到的问题都罗列出来,事先好好准备,就很容易与对方沟通了。

1.如何与上司沟通

原则一:认清沟通双方的角色。

在与上司沟通时,你一定要时刻提醒自己:这是在与上司沟通,不是与朋友沟通。上司在公司里是有权威的,因此,不论你谈论什么、做什么,都得尊重他的权威。意识到你们双方的角色后,沟通的大方向就不会错。

原则二:了解上司的特点。

你的上司是一个什么样的人?

如果你的上司很霸气,那么这个人可能会很固执,对于这样的人,你沟通的目标一定要明确。固执的人往往不可能在短时间内接受别人的意见,因此,沟通的时候,千万不要把你的观点直接明确地告诉他,而要采取"迂回"战术,不要急于说出你的观点,而要通过各种例子或事实来说服他。固执的人都有自己的成见,如果采取暗示的方式,往往很容易就能接受。此外,在给这样的上司打电话谈论问题时,要注意把握时间的长短,不要寄希望于10分钟内就能把他"搞定"。

如果你的上司非常追求完美,做事情也力求达到百分之百完美的程度,不容许有任何的差错。与这样的人沟通时,也要把握好他的这种特点,万一不行,要及时改变沟通的目标。

如果你的上司非常内向,跟他说话时,他好像没有什么反应。其实,这样的上司往往在心里已经有了自己的想法,只是不容易察觉罢了。与内向的上司沟通时,一定要注意观察他的言语、动作等微小细节,因为内向的人在细节上往往表露出自己真实的想法,他嘴上说的,也许会跟内心的真实想法不一致。

如果你的上司是一个与你的价值观完全不同的人,要尊重他的价值观。每个人的价值观都不完全一样,与人沟通最大的障碍就是以自己的价值观权衡别人,不要以为自己认为某件事情有价值,别人也会跟你一样持有相同的观点。

原则三:以公司为核心。

与老板沟通,有点"与狼共舞"的感觉。一方面,我们议论他;另一方面,他又给我们发薪水。若与他沟通不好,马上就会影响到你的前程命运。因此,与老板沟通时,沟通的立场很重要。如果你说话的立场完全是站在公司这一方的,本着为公司赢得利润的方式来与他交流,相信你的老板不会持太大的反对意见。对于老板来说,公司的核心就是利润。当老板不同意你的说法时,你要考虑老板说得是不是有理,你是否在一厢情愿地站在自己的角度考虑问题。老板永远是站在公司的角度考虑问题的,只要是能给他带来利润的意见,老板肯定是会考虑的。

当然,如果你的上司不是一个很乐意听取反对意见的人,那么你就要降低与他沟通的期望值。至于是否迎合上司,要灵活掌握。与上司沟通始终要明确上下级的角色,不能忽略其权威。

2. 如何与同事沟通

同事之间,由于性格、工作性质、工作侧重点的不同,平时的小矛盾难免存在。同事之间存在的一些利益冲突会让沟通变得复杂,这时要尽可能把问题变得简单。特别是利益上有冲突的双方在沟通的时候,一般都会抢着表达自己的意思,却忽略对方的意思。当你过多地考虑自己的利益,对方却没有什么感觉的时候,沟通就无法进行。既然利益是双方共同的关注点,那么在沟通的时候,一定要考虑到对方的利益所在,才能让沟通变得顺畅。

要解决互有矛盾的同事之间的沟通问题,沟通细节就很重要。对于心理有缺陷的人,若他能够有意识地改变自己的缺陷,这是最好的。当然,与这样的人进行沟通时,一定要了解对方的这个缺陷。因为,在沟通不畅时,心理有缺陷的人很容易对某件事不满,但不会在此事上表现出来,而会在其他事情上表现出来。这主要是因为在沟通的时候,沟通双方缺少一种直接沟通的方式。如果有同事与这样的人的矛盾已经到了影响工作的地步,可以找一个具体的时间,与这个人进行面对面的直接沟通,把你们真实的想法都直接说出来。

沟通中包含了很多要素,其中重要的一点就是情绪控制。如果能在沟通前,把要说的话先在脑子里过一遍,也许会保险一点。人往往在遇到不公正待遇时,情绪受到刺激,不能保持冷静的心态去对待沟通。如果你是一个情绪波动非常大的人,在和别人说话时,不妨用一些强制手段,如数数、默念这样的方式,来调整心情,为理智反应争取时间。换用专业的话来说,就是当人们出现沟通障碍时,情绪的反应速度会比理智反应快。

3.如何与下属沟通

很多上司都是追求完美的人,总希望布置给下属的工作能够及时、有效地完成。事实上,作为上级,当你的员工已经做得非常好的时候,应该加以肯定,因为肯定你的下属,也是肯定你自己。追求完美的人,自我价值感都很低,他们对每件事情都追求完美。比如,他会在做某件事情之前,计划好应达到的程度,但是当他达到这个程度时,受其追求完美的思维影响,他会发现这件事情这儿做好了,那儿没做好……如此一来,不论做什么事情,他都找不到自我价值感。所以说,追求完美的人,压力会不断加大,他本身也会不断地否定自己。作为上级,如果意识到自己是一个追求完美的人,一定要改善,这样才能有效地与下属沟通。这种改善,其实不光是为了下属,也是为了自己,为了让自己也得到肯定。调查发现,追求完美的人的内在心理机制是惩罚,而惩罚会导致一个人的心理退缩。因此,倒不如进行自我激励和自我肯定。

上司与下属沟通时,也要掌握好下属的性格特点,了解下属的办事效率,这样,分配的工作才会恰当,也为提高工作效率做好铺垫。另外,在与下属进行沟通的时候,一定要善于发现下属的情绪问题,不让他们把情绪积压起来,尤其对情绪控制比较脆弱的人更应如此。曾经出现过这样的案例,有员工因为 5 块钱而自杀,就是因为上级跟下级在进行沟通的时候,没有考虑到员工的心理承受能力而引起的。有些人需要你用比较含蓄的方式来跟他沟通,有些人则需要你严肃地当面指出他的错误,关键在于你采取的方式能否令对方接受。

上司跟下属沟通时还要注意一个角色转换的问题。什么时候与下属是同事关系,什么时候与下属是朋友关系,要分清楚,否则,角色的混乱会引起沟通的混乱和无效。当然,对于刚刚接管一个部门的领导,需要一段时间来强化自己的角色。

(三)怎么对待能把歪理说成正理的老板

如果老板能将歪理说成正理,那么正说明了这个老板说话时所站的角度非常好,倒应该好好向他学习。其实,人很容易变得不够自觉,即便口头上说自己能站在对方的立场上考虑问题,但是人的心理总是会更多站在自己的这一方。如果你认为老板把歪理说成正理,那么,你可以好好考虑老板说得有没有道理。如果老板说的话不合理,你的情感会马上让你跳出来进行反对。假若你老是想让老板信服,其实就是想让老板站在你的角度上考虑问题,那么这个沟通本身就没有办法进行,因为你们之间是上下级关系。

(四)如何让自己的薪水摆脱"委屈"困境

在职场上往往会有这样的现象,埋头干活的人反而不如那些经常找领导谈话的人薪水高。有调查结果也显示,54％的人埋怨自己的工作强度与所拿薪水不成正比。为什么会出现这些问题?说到底,也是沟通问题。你干了很多,但是领导不知道,这时就需要沟通。领导要负责的事情很多,不可能事事都知道。有的人可能很谦虚,那么就错过了让老板了解自己成绩的机会。干活儿的人、成绩好的人,一定要学会跟领导沟通,让领导知道你在做什么,这非常重要。

一般情况下,跟老板提出加薪要求,老板都不会爽快答应,但是你要让他知道加的薪资是值得的。你可以先对自己的工作做一个权衡,如果觉得自己应该获得加薪,那就明确地向老板提出来。当然,在提出要求时,要先了解自己的老板是个什么样的人,他是接受比较含蓄的方式,还是喜欢比较直接的方式。如果他喜欢直接的方式,你可以找一个时间,明确地跟老板谈这件事;如果他是一个含蓄的人,你可以考虑用写信或其他类似的方式来表达,也可以在吃饭的时候略微提一句"是不是可以给我加个薪"之类的话,这些方式对于一个含蓄的老板来说,更容易接受一些。

(五)职场新人如何通过沟通争取得到别人的认可

有一些刚刚参加工作的人,总想迫不及待地把自己的创新想法说出来,希望得到大家的认可。其实,也许当你的想法说出来后,很多人会觉得你很幼稚,或者会认为你的想法有问题、不切实际。当你处在一个新环境时,一定要注意,不管你有多大的抱负,最需要做的也许是一些看起来不起眼的事情。"多做事少说话",这是给新手的忠告。

"少说话",是因为对新的环境不熟悉,说出来的话很可能会伤害到某一个人。"多做事",勤奋努力,大家会对你留下很好的印象。当然,千万不要抢别人的事来做,这样会引起别人的反感。多做一些对他人有利的事情,比如服务性质的事情,能加强跟别人情感的联系。想得到大家的认可,应该是在情感上,而不是在荣誉上,认识到这一点,对新手来说非常重要。把自己的精力放在能力的提高上,去赢取别人情感上的认可,只有这样,才能在这个环境中与大家长期和平共处。

思考题

1. 良好的职业素质对自己有哪些重要作用?

2. 职校学生必备的职业素质有哪些?如何才能提升自己的职业素质?

3. 在今后的工作中,需要特别注意哪些职场潜规则?

第三章　职业生涯规划

▌教学目的和要求▐

　　让学生了解职业生涯的含义和阶段划分,认识职业生涯规划的分类和影响因素,懂得职业生涯规划的意义,理解职业生涯规划设计的原则,掌握职业生涯规划设计的步骤和方法,为自己设计一份职业生涯规划书。

　　相信每个年轻人都渴望自己在事业上取得成功,而人们常常提到的成功与失败,其实就是所设定的目标是否实现。目标是决定成败的关键,因此,一个人事业是否成功,很大程度上取决于其职业生涯规划设计的好坏。

第一节　职业生涯

一、职业生涯的含义

　　职业生涯就是一个人一生中所有与职业相联系的行为与活动,以及相关的态度、价值观、愿望等连续性经历的过程,也是一个人一生中职业、职位的变迁及工作、理想的实现过程。简单地说,职业生涯就是一个人一生的工作经历。

　　职业生涯是人一生中最重要的历程之一,是追求自我、实现自我的重要人生阶段,对人生价值起着决定性作用。职业生涯也是一个动态的过程,是人一生中所有与工作相关的连续经历,而不仅仅是一个工作阶段。它仅表示在各种职业岗位上所度过的经历,不含职业成败、进步快慢等含义。也就是说,不论职位高低,不论成功与否,每个工作着的人都有自己的职业生涯。

二、职业生涯的特点

1. 可规划性

　　职业生涯是可以规划的,这种规划不是对职业细节的把握,而是对个人职业生涯发展方向进行总体把握和指导,可以克服和减少职业生涯的盲目性。

2. 不可逆转性

　　职业生涯的不可逆转性是因为人的成长和发展具有不可逆转性。这一特点提醒人们,要充分重视职业生涯发展中的每一步,今天的每个选择都可能会影响到下一步选择。

3.差异性

由于每个人所从事的职业不同,职业生涯会有很大的差异性。即使从事相同职业或具有相同发展轨迹的人,由于个人心态、思想和价值观的不同,面对岗位工作也会有不同的感受。只有充分认识自己在职业生涯中的差异性,才能有针对性地做出适合自己职业生涯的规划设计。

4.阶段性

这种阶段性一般以工作年限为主要特征,且每个阶段都会有不同的特点。前一阶段的状态是后一阶段的基础,高质量地完成各阶段的任务,对职业生涯的持续发展十分重要。

5.发展性

职业生涯是一个人一生连续不断的职业发展过程。注重职业的发展性,会使人们主动发现和抓住职业生涯中的每个发展机会,有利于自己的成长和进步。

三、职业生涯发展的阶段划分

职业生涯发展的阶段划分,是职业生涯规划的一个重要内容。不同的专家学者有不同的观点,有的提出三阶段论,有的提出四阶段论,还有的提出五阶段论。

职业生涯发展理论专家金兹伯格将人生职业生涯发展划分为三个阶段,即幻想期(11岁以前)、尝试期(11～18岁)和实现期(18岁以后)。从金兹伯格划分的三个阶段来看,他着重研究的是一个人的早期生涯发展。

职业生涯发展专家休普将职业生涯发展划分为四个阶段,即试探阶段(25岁以前)、创立阶段(25～45岁)、维持阶段(45～65岁)和衰退阶段(65岁以上)。维持阶段又分为成长与停滞两种状态,有的继续成长,有的则停滞不前。

美国职业生涯发展研究领域权威人物舒伯将人生职业生涯发展划分为五个阶段,即成长阶段(0～14岁)、探索阶段(15～24岁)、创业阶段(25～44岁)、维持阶段(45～64岁)和衰退阶段(65岁以上)。职业生涯发展的过程在每个阶段都有其独特的职责和角色,以及不同的发展任务,且前一阶段发展任务的完成情况会影响下一阶段的发展。下面着重介绍这五个阶段(如下图所示)。

1.成长阶段(0～14岁):是一个以幻想、兴趣为中心,对自己所理解的职业进行选择与评价的阶段;

2.探索阶段(15～24岁):是逐步对自身的兴趣、能力以及对职业的社会价值、就业机会进行考虑,开始进入劳动力市场或开始从事某种职业的阶段;

3.创业阶段(25～44岁):是对选定的职业进行尝试,变换工作,到逐步稳定的阶段;

4.维持阶段(45～64岁):是劳动者在工作中已经取得了一定的成绩,维持现状,提升自己的社会地位的阶段;

5.衰退阶段(65岁以后):是职业生涯接近尾声或退出工作领域的阶段。

在这五个阶段中,前三个阶段最为重要,它们是职业的成长期、探索期和创立期。

"成长期"和"探索期"主要是人生在校学习的阶段。虽然职业教育或大学教育也有分科、分系,学生可以学到一些专业知识,并逐渐了解到自己的兴趣所在,对自己未来的事业也会有些期望和目标。但事实上,由于种种原因,学校教育和实际工作的差异颇大,大多数学生对专业设置、自身兴趣、未来的事业不能完全了解和决定。因此,探索期和成长期对个人职业生涯的影响,视个人不同而有所差异。探索期的主要任务是:职业取向逐渐具体化;职业取向的特定化;实现职业取向;发展符合现实的自我概念;学习开创较多的机会。

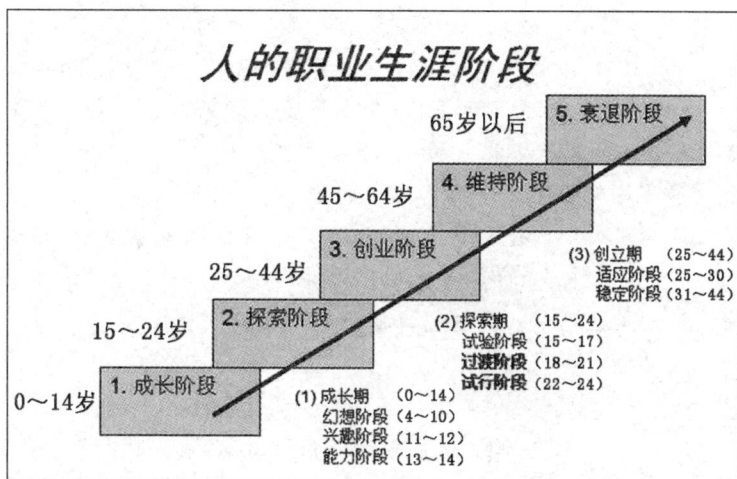

人的职业生涯阶段

“创立期”不论对组织还是个人来说都是职业生涯中最重要的阶段。从 25 岁到 44 岁，是人一生工作中最主要的阶段,企业组织中 90％以上的员工多在这个年龄范围内。刚出校门的职场新人,对企业运作、工作本质及职业的内涵特质并不了解,选择企业、职业多是父母、师长的意见或道听途说,等到实际工作后,往往事与愿违,差异颇大。因此,不稳定是其特点。理想与现实的落差,使他们不断调职、跳槽、换工作,以寻求他们的理想,这就是“适应阶段”。一般要到 30 岁以后才会逐渐安定下来,进入“稳定阶段”。这一段时间,大部分人应该已经确立了事业的目标,经过十年的试验和磨炼,无论在专业还是人际关系上也有了一定基础,可全力发挥,贡献所能。

总之,职业生涯发展的阶段划分,目的就是帮助个人达成每一阶段职业生涯发展的任务,并为下一个阶段发展作好规划和准备。适当地完成人生各个阶段的生涯发展任务,即是“生涯成熟”的表现。对照当前,可以清晰地知道自己正处于哪个阶段,也就知道该做哪个阶段的事情了。

第二节　职业生涯规划

一、职业生涯规划的含义

在自己的人生旅途中,每个人都应该做好职业生涯规划,从读书时就应开始设计。成功的人生需要正确的规划,制订好职业生涯规划,是事业成功的一半。什么是职业生涯规划呢?

职业生涯规划又叫职业生涯设计,是指个人与组织发展相结合,在对个人职业生涯的主客观条件进行评估、分析和总结的基础上,对自己的兴趣、爱好、能力、性格、价值观等进行综合分析与权衡,结合时代特点,根据自己的职业倾向,确定最佳的职业奋斗目标,并为实现这一目标做出行之有效的安排。

小故事

一个美国小伙子立志做一名优秀的商人。中学毕业后,他考入了麻省理工学院,但他并没有去读贸易专业,而是选择了工科中最为普通、最基础的专业——机械专业。大学毕业后,这位小伙子没有马上投入商海,而是考入了芝加哥大学,攻读为期三年的经济学硕士学位。出人意料的是,获得硕士学位后,他还是没有从事商业活动,而是考了公务员。在政府部门工作了五年后,他辞职下海,应聘到一家大公司工作。又过了两年,他开办了自己的商贸公司。20年后,他的公司资产从最初的20万美元发展到2亿美元。这位小伙子就是美国知名企业家比尔·拉福。1994年10月,比尔·拉福率团来中国进行商业考察,在北京长城饭店接受《中国青年报》记者采访时,他谈到他的成功应感激父亲的指导。他们曾共同制订了一个重要的职业生涯规划,正是这个职业生涯设计方案最终帮助比尔·拉福功成名就。

> **想一想:**比尔·拉福成功的历程是怎样的?告诉了我们什么道理?

拓展阅读

美国人的职业生涯规划教育

美国人在成长过程中从小就会受到专业的职业生涯规划教育。美国小学里有"职业日"(Career day),由社区里各行各业的人为孩子们介绍各自的工作,让他们对各种职业形成初步的认识。

孩子大一些后,学校又会组织职业实践活动,如办模拟公司等,让学生担当不同的角色,进一步加强对各种岗位的认知。

进入高中、大学后,学校会帮助学生进行多次职业测评,帮助学生了解自己的兴趣、技能、特性、价值观、优劣势等。

参加工作后,学生再不断地对自己的职业发展进行动态调整。

二、职业生涯规划的分类

(一)按照时间长短分类

1. 短期规划:一般为个人未来两年以内的规划,主要是确定近期目标,规划近期完成的任务,如对专业知识的学习,两年内掌握哪些业务知识等。

2. 中期规划:一般为个人未来2~5年的目标与任务,是最常用的一种职业生涯规划。

3. 长期规划:一般为个人未来5~10年内的规划,主要任务是设定较长远的目标。

4. 人生规划:是个人整个职业生涯的规划,时间可长至40年,甚至更长,主要任务是设定整个人生的发展目标。

(二)按照未来职业特征分类

1. 技术型:追求在技术领域的成长和技能的不断提高,以及应用这种技术的机会。对个人的认可来自专业水平,喜欢面对来自专业领域的挑战。

2. 管理型:追求并致力于工作晋升,倾心于全面管理,并不断走向更高、更全面的管理层级。将组织的成功与否看成个人的工作,视具体的技术工作为通向更高、更全面管理层的必经之路。

3. 自主型:希望随心所欲地安排个人的工作方式和生活方式,追求能施展个人能力的工作环境,最大限度地摆脱组织的限制和制约。

4. 稳定型:追求工作中的稳定与安全感,对可以预见到将来的成功而感到放松,对组织忠诚,尽职尽责地完成上级交办的工作。

5. 创业型:希望凭借个人能力去创建属于自己的公司或创建完全属于自己的产品(或服务),而且愿意冒风险,并克服面临的障碍。

6.服务型:不断追求他们认可的核心价值。例如,帮助他人,保障人们的安全,通过新的产品或技术消除疾病等。

7.挑战型:喜欢解决看上去无法解决的问题,战胜强硬的对手,克服常人无法克服的困难、障碍等。

8.生活型:喜欢平衡并结合个人需要、家庭需要和职业需要的工作环境。

小故事

小刘是一所职业学校汽车检测与维修专业的学生,在校期间,学习刻苦,积极参加实习实训,专业成绩优秀,技术过硬。毕业后被一家汽车生产企业录用,如今已在这家企业工作快两年了。由于工作踏实努力、吃苦耐劳、技术过硬,深受领导和同事的欢迎,工作一年后就晋升为车间组长。面对这种情况,今后是向管理方面发展,还是向技术方面发展,需要他做出规划。他根据自己的工作实践体验,结合性格、职业锚和SWOT分析,认识到自己喜欢钻研技术问题,不愿打理杂务,不擅长处理复杂的人际关系,而企业并不缺乏管理人才,但技术却是自己和公司的立身之本,所以走技术这条职业发展道路比较符合自身的特点。

> **想一想**:小刘的职业生涯规划属于哪种类型呢?

两年后,凭借高度的敬业精神、细致的工作作风和刻苦钻研的工作态度,小刘对企业一条重要生产线提出了改进意见,为提升产品质量作出了重要贡献。为此,他受到企业的表彰,个人职位也得到了提升。

三、影响职业生涯规划的因素

影响职业生涯规划的因素有个人因素、教育因素、家庭因素、机会因素等。

(一)个人因素

1.个性特征

不同个性特征的人适合不同类别的工作。例如,性格外向的人比较适合做管理人员、记者、导游等,而不适合做过细的、单调的机械工作。如果做不符合自己个性特征的工作,就会觉得自己的活力被束缚、思想被禁锢。

2.职业兴趣

职业兴趣是指与职业选择有关的兴趣。不同职业兴趣的人应该选择不同的职业。例如,喜欢具体工作的人可选择室内装饰、园林、美容、机械维修等职业,而喜欢抽象和创造性工作的人可选择新产品开发、社会调查、科研等职业。

3.性别

性别因素在职业发展中扮演着重要角色。由于男女生理因素不同,有些职业更偏重于男性,而有些职业更适合于女性。另外,从用人单位的角度来看,普遍认为婚姻会导致女性业绩下降,男性在婚后业绩反而会上升。因此,毕业生(尤其是女生)在规划自己的职业生涯时,不可忽视性别差异。

(二)教育因素

职校学生都经过了较长时间的专业教育与训练,具有一定的专业知识和技能,这是优势所在,也是职校学生进行职业生涯规划的基本依据。

用人单位一般会首先选择具有专业特长的职校学生,而职校学生步入社会后的贡献也主要靠运用所学的专业知识来实现。如果职校学生的职业生涯规划离开了所学专业，无形当中就为自己的择业和就业增加了许多困难。这样可能导致学生不能尽快就业，个人的价值难以实现。

（三）家庭因素

家庭对职校学生的职业生涯规划具有重要影响。父母的职业决定了子女的生长环境；父母的价值观、人生观、教育方式和一言一行都会转化为子女的价值标准；家庭经济条件会影响到子女受教育的程度以及职业能力和学习能力的训练与提高；父母的社会地位和社会关系往往会影响子女的就业途径；父母对子女成功成才的不同期望，会影响子女对职业的不同选择等。

（四）机会因素

机会也称机遇，是随机出现又稍纵即逝的，非常难把握，但对个体的发展却有着积极的作用。机会通常会表现为一个难得的职业、一个适合的岗位、一个偶然透露的商机等。机会的出现具有偶然性，只有善于抓住机会、把握机会的人，才能拥有更多的、有利于自己的、新的发展机会，才有可能发现和创造更多的机会。

四、职业生涯规划的意义

职业生涯规划对学生的发展和成才具有重要意义。成功的人生需要正确地、科学合理地规划自己的职业生涯，这是迈向成功人生的第一步。学生职业生涯规划是学生个人职业发展的有效方法。学生通过职业生涯规划，可以明确个人职业发展的目标，少走弯路；可以了解自己，了解周围环境；可以在纷纭复杂的环境中找到适合自己的人生坐标，并且不断地挖掘和拓展自己的潜能，最终达到事业的辉煌。学生职业生涯规划的核心目标是要实现人生价值的最大化，它包括两个方面：一是充分发挥自己的长处；二是充分利用环境资源。正如西方的一个谚语所说："如果你不知道要去哪，那你通常哪也去不了。"具体来说，职业生涯规划的意义可以从以下四个方面来理解。

1.增进自我了解

通过有效的职业生涯规划，可以使学生认识到自身的个性特质、现有的和潜在的资源优势；可以使学生对自己的综合优势和劣势进行对比分析，着力培养某些职业特质；可以使学生比较客观地评估自己的个人目标与现实之间的距离，运用科学的方法、采取切实可行的步骤和措施，不断增强职业竞争能力，实现自己的职业目标与理想。

2.促进潜能开发

通过职业生涯规划和实践锻炼，能够激发学生的内驱力，使每个学生充分发展先天的遗传素质，获得当今社会所需要的各种品质；使某些本来不具备的素质或在心理和能力上有缺陷的方面得到弥补和完善；使每个学生不同的认知特征、不同的兴趣爱好、不同的动机需要、不同的价值取向和不同的创造潜能得到尊重和体现，个性得以发展，各方面的潜能得到开发。

3.适应社会需要

21世纪，人们的职业视角逐步转移到重视未来、强调发展、缔造有意义的人生上来。通过职业生涯规划，能够帮助学生学会学习，学会做事，学会生活，学会发展，学会正确处理个人和社会的关系，学会在社会中寻找个人恰当的位置，最终实现社会所要求的人的发展目标。

4. 实现个体价值

通过职业生涯规划的开发与管理,帮助学生通过获得合理的报酬来满足衣、食、住、行等基本的需要;在基本需求得到满足的同时,提高需求层次,获得别人的赞赏和尊重,获得地位和荣誉,实现自己的人生价值。

小故事

有一年,一群意气风发的天之骄子从美国哈佛大学毕业了,他们即将开始穿越各自人生的玉米地。他们的智力、学历、环境条件都相差无几。在临出校门时,哈佛大学对他们进行了一次关于人生目标的调查。结果是这样的:27%的人没有目标;60%的人目标模糊;10%的人有清晰但比较短期的目标;3%的人有清晰且长远的目标。

在之后的 25 年中,哈佛对这群学生进行了跟踪调查,结果又是这样的:3%的人,他们在 25 年间朝着一个方向不懈努力,几乎都成了社会各界的成功人士,其中不乏行业领袖、社会精英;10%的人,他们的短期目标不断地实现,成为各个领域中的专业人士,大都生活在社会的中上层;60%的人,他们安稳地生活与工作,但都没有什么特别突出的成绩,几乎都生活在社会的中下层;剩下 27%的人,他们的生活没有目标,过得很不如意,并且常常在抱怨他人、抱怨社会,抱怨这个"不肯给他们机会"的世界。

其实,他们之间的差别不在于学历、能力、环境,而在于是否有明确的目标和详细的规划。

第三节　职业生涯规划设计

一、职业生涯规划设计前的准备

你今天站在哪里并不重要,但是你下一步迈向哪里却很重要。要使自己的理想变为现实,必须从现在开始做起,珍惜生命中的每一分钟。不仅心要动,更重要的是要展开行动。如果只是心动而不是行动,那么任何人的理想也只能是一场梦。

职业生涯设计中常见的有两个问题:(1)我不知道该往哪里去?(2)我不知道该如何去那里?这两个问题或许你没有认识到,或许认识到了也没有引起你的重视,但从现在开始,你必须要足够重视,并认真地思考和回答。

以上两个问题其实就是职业生涯规划设计中两个重要的方面——目标和措施。做好职业生涯规划设计需要做好以下几方面的准备。

1. "我是谁?"——自我定位

"我是谁?"是一种清晰客观的自我定位,是从整体入手,全面综合地评估自我的个性特征、能力特长、兴趣爱好、性格优缺点、潜在的能力等因素。

在这个自我认识探索的过程中,个人需要深入思考以下几个问题:①我到底要成为怎样的一个人? ②我内心真正想要的是什么? ③我在这个世界上赖以生存的核心竞争力是什么? 对这些问题的思考,是职业生涯规划设计能否成功的关键性步骤,后面所有的工作成效取决于对这些问题自我探索的深度和广度。

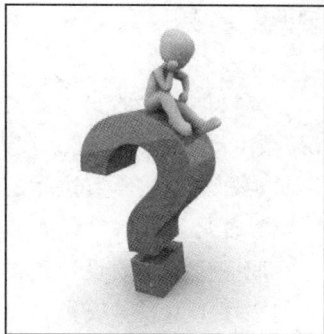

2."我能做什么?"——职业定位

"我能做什么?"主要是思考个人的职业发展方向,以个人现有的能力和资源条件,结合自身蕴含的潜力,综合考虑自己可以选择哪些适合自我个性发展、又是自己感兴趣的职业。这是制定个人职业发展战略的思考评估过程,关键是要结合个人的发展潜力去做整体的发展设计。

在这方面需要思考以下几个问题:①这个职业选择是否能让自己充分调动和展现各种能力和潜力? ② 这个职业目标是否能让自己满意? ③我是否准备为了达成这个目标而付出持续的努力?

职业目标定位是职业发展成功的关键。职业目标大方向一旦确定下来,最好是沿着这条路线一直走下去,不断接近目标直至成功。除非有特殊的情况变动,一般都不宜偏离既定的目标,只可在接近目标的过程中,根据现实情况的变化而做灵活的变通和调整,但调整的目的最终还是要以目标实现为导向。

3."如何做?"——职业发展规划

"如何做?"主要是在现有条件下,如何实现理想职业目标,也就是职业规划的实施方案和实施途径,也可以说是制定发展战术思路的思考过程。不同的战术组合会造成不同的结果,关键是看使用什么样的战术组合能最有效地接近理想的职业目标。

在这个过程中需要思考以下几个问题:(1) 我的职业规划设计方案是否具有现实的可操作性? (2) 在实施过程中,我需要具备哪些必要的实力、做好哪些心理上的准备? (3) 在实施过程中,如果与现实有冲突,是否有备选的方案?

思考评估的过程,关键是要理性分析不同发展阶段的发展历程是否有内在的逻辑关联性(岗位妥协性匹配),实现的可能性有多大(职业目标评估),每一发展阶段该做哪些准备(学历教育、岗位培训、工作经验、技能培养、资金人脉、心理素质等),在遇到困难的时候该如何调整计划(职业发展计划书、职业发展备选方案)。

做职业生涯规划设计时,还要把目光投向未来。研究清楚本人现在做的工作,十年后会怎么样;自己的职业在未来社会的需求中,是会增加还是会减少;自己在未来社会中的竞争优势,随着年龄的增加是不断加强还是逐渐削弱;在自己适合从事的职业中,哪些是社会发展迫切需要的。

二、职业生涯规划设计的原则

职业生涯规划设计要从生活和发展的需要出发,正确认识自身条件与相关环境,从专业、兴趣、爱好、特长、机遇等方面尽早确定自己的未来发展方向。做好职业生涯规划设计要遵循以下原则。

1.可行性

要根据个人的实际情况(兴趣、爱好、能力、性格、价值观、竞争力等)和社会环境(组织状况)做出规划。应该建立在充分分析主客观条件的基础上,以事实为依据确定规划目标,而不是美好幻想或不着边际的空想,否则将会延误发展良机。

2.适时性

职业生涯规划设计是预计未来的行动,因此,各项主要活动何时实施,何时完成,都要有时间顺序上的妥善安排,以作为检查行动的依据。

3.适应性

职业是一种社会活动,必定会受到社会变化和发展的制约。规划设计未来的职业生涯目标牵涉到多种可变因素，要把握社会对人才的动态需求，以社会需求作为出发点。因此，规划设计应有弹性，留有余地，充分考虑到环境变化因素，以增加其适应性。

4. 持续性

职业生涯规划设计要考虑到职业生涯发展的整个历程，将不同阶段的各种活动都统领于整个规划设计中，按照相应的顺序进行，使人生的每个发展阶段都能持续连贯地衔接。

5. 清晰性

职业生涯规划设计要保证目标与措施的清晰和明确，这样可以按部就班地实施具体计划，以达到目标。

6. 长远性

确定长远目标是职业生涯规划设计的落脚点，其他环节都围绕长远目标展开。规划设计应该从大方向着眼，阶段目标要为长远目标服务，并将阶段目标和长远目标有效结合。

7. 挑战性

如果职业生涯规划设计的目标在原地踏步不前，则失去了原本的意义，无法激励自己；如果目标过低，则会让人失去斗志；如果目标过高，又会让人失去信心。因此，应该根据个人的实际能力，结合组织的要求，选择可望又可及的、有一定挑战性的目标，充分激发个人的潜能。

小故事

郭同学是某医卫类高职院校护理专业的大二学生，临近毕业，总发出感叹："还有一年就要找工作了，我却觉得有点迷茫。""按理说就踏踏实实当个护士算了，可总觉得这不是自己想要的。"

曾经的郭同学对于自己的未来有很明确的想法——当护士。自从考入大学的那天起，她就一直在为这个目标努力，没课时也经常会自习到晚上十一二点。现在想想，这种过于拼命的学习方式反倒给自己带来了一些困扰——"平时很少关注其他方面的事情，一些活动、社交什么的也不太参加，感觉自己的圈

> **议一议：**
> 结合职业生涯规划的原则，分析讨论郭同学的做法对吗？为什么？

子变得越来越窄。"刚开始，郭同学还抱有很高的热情，但随着时间的推移，这股劲头却在慢慢地消退，不知不觉中，她对未来工作的想法也发生了改变："主要还是觉得护士的工作状态不是我想要的。"

正当自己开始对职业选择产生疑惑时，一次高中同学聚会，大家的聊天更加动摇了她的决心。很多同学在未来求职时，能够选择的行业范围比自己大得多。"我有很多同学准备去企业，其中不少人的大学专业并不是经济或管理方向，但他们要么是在平时找了相关的实习工作，要么就是辅修了双学位。总之，他们最后都能胜任企业里的工作。"在郭同学看来，自己除了做护士，没有别的路可走。

一次偶然的机会，一名做医学美容销售的学姐和郭同学闲聊，郭同学这才发现原来另有天地。对这一行业一窍不通的郭同学，起初还担心是否需要营销方面的专业知识才能胜任这份工作，学姐告诉她："你学习护理专业，已经有了相关的医学知识，再加上你会做营销，这个职业不是挺适合你的吗？"此时的郭同学，面临着家人的反对，他们觉得还是做护士稳定。但是郭同学认为，近年来我国医疗美容行业发展迅速，医疗美容已经被人们熟知并接受，医疗美容从业人员市场缺口巨大。"既然兴趣不在护士这一行业，干脆早点跳出来。"郭同学所

在的学校不提供双学位的选修,她就自己去打听、搜索,最后选读了另一所大学的营销类课程。从这时起,她给自己制定了一个目标——在保证本专业学习的前提下,其他所有时间都拿来学营销知识。为了兼顾课程,郭同学需要奔波于两所距离并不近的学校,平时自习到深夜更是家常便饭。两边的课程压力都很大,郭同学也曾怀疑过自己的选择——费这么大的劲,学一个完全不相干的专业,究竟值不值得?但在和同学交流之后,她坚定了决心。"有的同学也不想从事本专业对应的职业,可是他们怕麻烦,更没有换一个环境的勇气。一想到我是在为自己的未来主动争取,我就有了走下去的动力。"

三、职业生涯规划设计的基本步骤和方法

(一)职业生涯规划设计的基本步骤

一个完整有效的职业生涯规划设计,应包括自我评估、环境分析(机会评估)、确立目标、制定措施、评估反馈五大步骤。

1. 自我评估:涉及自我认知和他人评价两大方面,包括对自己生理、心理方面的认识和评价。

2. 环境分析(机会评估):包括对家庭环境、教育环境、社会环境的分析,评估有哪些长期和短期的发展机会。

3. 确立目标:根据自我评估和环境分析,对自己的发展进行定位,确立职业目标和人生目标。

4. 制订措施:根据目标制订行动方案,落实达成目标的行之有效的方法和手段。

5. 评估反馈:总结措施落实情况,根据个人需要和现实变化,调整职业发展目标和具体措施。

(二)职业生涯规划设计的具体方法

1. 自我评估

自我评估是一个人自我认知的过程。孙子曰:"知己知彼,百战不殆。"只有对自己有了充分的认识和了解,才能对自己作出正确的"定向"和"定位"。

自我评估是通过自评、他人评价或测试等方法对自己进行综合评价的一种方式。主要包括对自己生理方面(外貌、身体健康状况、智力等)、心理方面(兴趣、性格、能力、价值观等)的评价。在此介绍以下两种评估方法。

(1)橱窗分析法。

心理学家把对个人的了解比成一个橱窗。所谓橱窗分析法,是一种借助直角坐标不同象限来表示人的不同部分的分析方法,是进行自我认知的一种常用方法。它以别人知道或不知道为横坐标,以自己知道或不知道为纵坐标(如下图所示)。

橱窗1为自己知道、别人也知道的部分,称为"公开我",属于个人展现在外的、无所隐藏的部分。

橱窗2为自己知道、别人不知道的部分,称为"隐私我",属于个人内在的隐私和秘密部分。

橱窗3为自己不知道、别人也不知道的部分,称为"潜在我",是有待开发的部分。

橱窗4为自己不知道、别人知道的部分,称为"背脊我",就如自己的背部一样,自己看不到,别人却看得很清楚。

通过四个橱窗可以看出,在进行自我认知时,重点是了解橱窗3和橱窗4这两个部分。

橱窗 3 是"潜在我"。科学家研究发现，每个人都有巨大的潜能，人类平常只发挥了极小部分的大脑功能。如果一个人能发挥一半的大脑功能，将轻而易举地学会 40 种语言，背整套百科全书，拿十二个博士学位。著名心理学家赫伯特·奥托（Herbert A. Otto）指出，一个人一生所发挥出来的能力，只占他全部能力的 4％，也就是说一个人 96％的能力还未开发。由此可见，认识和了解"潜在我"，是自我认知的重点之一。把个人潜能开发出来，也是职场新人的头等大事。

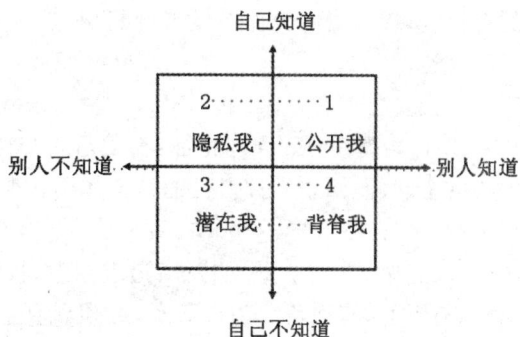

橱窗 4 是"背脊我"。如果自己诚恳地真心实意地征询他人的意见和看法，就不难了解"背脊我"。我们可以采取同自己的家人、朋友、同学、同事等交流的方式，借助录音、录像设备，尽量开诚布公。要做到这一点，需要开阔的胸怀，有则改之，无则加勉，否则，别人是不会说实话的。

（2）心理测试法。

心理测试是通过回答有关问题来认识自己、了解自己的一种方法，是一种比较简单、易操作的自我认知法。测试题目由心理学家经过精心研究设定，只要如实回答，就能了解自己的有关情况。需要注意的是，在回答问题时切忌寻找标准答案，而是要根据自己内心所想如实回答。主要测试与职业发展相关的职业兴趣、职业性格、职业能力和职业价值观。

第一，职业兴趣。

兴趣是指人们对一定事物所持有的稳定而积极的态度倾向。职业兴趣是人们对某种职业活动的比较稳定而持久的心理倾向，是对某种职业的优先注意和向往。如果一个人的兴趣和职业环境能相互匹配，那么就能在这类环境中施展拳脚，同时也会有较高的职业满意度、职业稳定性以及职业成就感。

心理学家实验表明，如果一个人对他所从事的职业感兴趣，就能发挥其全部才能的 80％～90％，否则，只能发挥其才能的 20％～30％。可见，了解自己的职业兴趣对未来选择职业有重要意义。

目前，在职业兴趣测试方面运用最多、最具影响力的是霍兰德职业兴趣分类体系（如右图所示）。

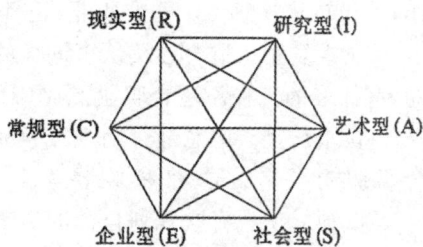

美国心理学家霍兰德认为职业兴趣有六种类型：现实型、研究型、艺术型、社会型、企业型、常规型。

① 现实型（R）。共同特点：愿意使用工具从事操作性工作，动手能力强，做事手脚灵活，动作协调。偏好于具体任务，不善言辞，做事保守，较为谦虚。缺乏社交能力，通常喜欢独立做事。典型职业：计算机硬件人员、摄影师、制图员、机械装配工、木匠、厨师、技工、修理工、农民等。

② 研究型（I）。共同特点：思想家而非实干家，抽象思维能力强，求知欲强，肯动脑，善思考，不愿动手。喜欢独立的和富有创造性的工作。知识渊博，有学识才能，不善于领导他人。考虑问题理性，做事喜欢精确，喜欢逻辑分析和推理，不断探讨未知的领域。典型职业：科学研究人员、工程师、计算机编程人员、医生、系统分析员等。

③ 艺术型（A）。共同特点：有创造力，乐于创造新颖、与众不同的成果，渴望表现自己

的个性,实现自身的价值。做事理想化,追求完美,不重实际,具有一定的艺术才能和个性。善于表达、怀旧,心态较为复杂。典型职业:演员、导演、艺术设计师、雕刻家、建筑师、摄影家、广告制作人、音乐家、歌唱家、作曲家、乐队指挥、小说家、诗人、剧作家等。

④ 社会型(S)。共同特征:喜欢与人交往,不断结交新的朋友,善言谈,愿意教导别人,关心社会问题,渴望发挥自己的社会作用。典型职业:咨询师、教师、护士、社会工作者、公关人员等。

⑤ 企业型(E)。共同特征:追求权力、权威和物质财富,具有领导才能。喜欢竞争,敢冒风险,有野心,有抱负。为人务实,习惯以利益得失、权利、地位、金钱等来衡量做事的价值,做事有较强的目的性。典型职业:政府官员、企业领导、项目经理、销售人员、营销管理人员、法官、律师等。

⑥ 常规型(C)。共同特点:尊重权威和规章制度,喜欢按计划办事,细心,有条理,习惯接受他人的指挥和领导,自己不谋求领导职务。喜欢关注实际和细节,通常较为谨慎和保守,缺乏创造性,不喜欢冒险和竞争,富有自我牺牲精神。典型职业:秘书、办公室人员、记事员、会计、行政助理、图书馆管理员、出纳员、打字员、投资分析员等。

第二,职业性格。

性格是一个人在对待客观事物和社会现象中所表现出来的稳定的个性心理特征。性格一经形成,就会相对稳定,但也不是完全不能改变。而职业性格是指人们在长期特定的职业生活中所形成的与职业相联系的、稳定的心理特征。

职业心理学研究表明,不同的职业有不同的性格要求。虽然每个人的性格都不能百分之百适合某项职业,却可以根据自己的职业倾向来培养、发展相应的职业性格。对企业而言,性格影响着每个员工的工作岗位和工作业绩;对个人而言,决定了自己的事业能否成功。近年来,一些教育学、心理学研究人员根据我国的实际情况,将职业性格分为以下九种基本类型。

① 变化型。在新的和意外的活动或工作情境中感到愉快,喜欢有变化的和多样化的工作,善于转移注意力。适合职业:记者、推销员、演员等。

② 重复型。适合连续从事同样的工作,按固定的计划或进度办事,喜欢重复的、有规律的、有标准的工种。适合职业:纺织工、机床工、印刷工、公交车司机等。

③ 服从型。愿意配合别人或按别人指示办事,而不愿意自己独立决策,担负责任。适合职业:办公室文员、秘书、翻译等。

④ 独立型。喜欢计划自己的活动和指导别人活动或对未来的事情做出决定,在独立负责的工作情境中感到愉快。适合职业:管理人员、律师、警察、侦察员等。

⑤ 协作型。在与人协同工作时感到愉快,善于引导别人,并想得到同事们的认可。适合职业:社会工作者、咨询人员等。

⑥ 劝服型。通过谈话或写作等方式使别人同意自己的观点,对别人的反应有较强判断力,并善于影响别人的态度和观点。适合职业:辅导员、行政人员、宣传人员、作者、作家等。

⑦ 机智型。在紧张和危险的情况下能自我控制,沉着应付,发生意外和差错时不慌张,并且能出色地完成任务。适合职业:驾驶员、飞行员、警察、消防员、救生员等。

⑧ 自我表现型。喜欢表现自己的爱好和个性,根据自己的感情作出选择,能通过自己的工作来表现自己的思想。适合职业:演员、诗人、音乐家、画家等。

⑨ 严谨型。注重工作过程中各个环节和细节的精确性。愿意按一套规划和步骤工作并尽可能做到完美,倾向于严格、努力地工作以看到自己出色的工作效果。适合职业:会计、

出纳员、统计员、校对员、打字员等。

当然，生活中大多数人表现为同时兼有几种职业性格，而且，一种职业也可能要求从业者同时具备几种职业性格。职业性格测评目前采用较多的有 MBTI 测试和 DISC 测试。

第三，职业能力。

不同的职业对人的能力有不同的要求。职业能力是人们从事职业活动所必须具备的多种能力的综合。职业能力可以分为一般职业能力、专业能力和综合能力。

一般职业能力是人们在职业活动中不可缺少的、顺利完成大部分工作都需要的基本能力，如一般的学习能力、文字和语言运用能力、数学运用能力、空间判断能力、形体知觉能力、颜色分辨能力、手眼协调能力、手的灵巧度等。

专业能力主要是指从事某一职业必须具备的特殊能力。在求职过程中，招聘方最关注的就是求职者是否具备胜任岗位工作的专业能力。

综合能力主要包括方法能力（信息搜集和筛选能力、制定计划和选用方法的能力等），社会能力（团队协作能力、人际交往和善于沟通的能力等），自我管理能力（按照社会目标有意识、有目的地对自己的思想、行为进行转化控制的能力）。

每个人都有属于自己的能力系统。在这个系统中，展示出来的各种能力不是均衡发展的，每个人都有自己的强项和弱项。在不同的职业活动中，人们要根据自己的职业目标和职业发展要求努力提升自己的职业能力，以更好地适应职业活动的需要。职业能力测评也可采用霍兰德职业测评体系和 MBTI 职业测试。

第四，职业价值观。

价值观是指一个人对周围客观事物的意义及重要性的看法和评价。职业价值观是指一个人在择业或从事工作的过程中对这份职业存在的意义及重要性的总体评价和根本看法。每种职业都有各自的特性，不同的人对职业意义的认识、对职业好坏有不同的评价和取向。职业价值观决定了人们的职业期望，影响着人们对职业方向和职业目标的选择，决定着人们就业后的工作态度和劳动绩效水平，从而决定了人们的职业发展情况。

一般来讲，每个人的职业价值取向都不是单一的。美国心理学家洛特克在其所著的《人类价值观的本质》一书中，提出了 13 种价值观。我国学者阚雅玲将职业价值观分为 12 类：收入与财富、兴趣特长、权力地位、自由独立、自我成长、自我实现、人际关系、身心健康、环境舒适、工作稳定、社会需要、追求新意。

职业价值观测试可采用美国心理学家舒伯于 1970 年编制的 WVI 测试量表。大家对自己的价值观，特别是职业价值观进行分析时，可以参照学者们所提出的价值观类型，也可以从个人的实际情况出发，对职业价值观排序，尤其要重视排在前三位的职业价值观，以此作为自己选择职业或确定职业目标的参考依据。

2. 环境分析（机会评估）

人都是生活在环境之中的。人们选择和从事职业都会受到自己所处的国家、社会、时代等宏观环境和家庭、学校、单位等微观环境的影响。所以，一个人在对自己进行职业生涯规划设计时，必须评估自己所处的环境，并根据环境分析，结合个人的自我评估，作出对自己职业方面的机会评估。

（1）家庭环境：职业生涯的第一阶段都与家庭因素息息相关。家庭负担较轻的，择业范围较广，家庭负担较重的则比较受限。另外，家庭中父母的价值观、人生观和教育方式以及对孩子未来的期望都影响着孩子对职业的认识和选择。

（2）教育环境：主要指学校环境，学生在学校中接受文化知识、专业理论和专业技能的学习训练。拥有不同教育程度的人,在个人职业的选择或被选择时拥有不同的能量。一般来说,接受过较高水平教育的人,综合素质较高,专业知识和技能较强,选择职业的空间相对较宽,职业能力和社会竞争力也较强,在就业后也会有较大的发展。所以,教育环境对人们的职业生涯规划有着重要的影响。

(3)行业环境:由于职业具有时代性和发展性,所以不同时代有不同的热门职业。在不同的区域,职业也会体现出明显的地域特征。因此,主动地、全方位地了解倾向性行业的现状和发展前景,分清朝阳行业和渐趋淘汰的行业,结合自己的所学和所长,寻找对自己有利的行业环境至关重要。

(4)社会环境:社会环境包括社会政治环境、经济环境和科技文化环境等方面。政治环境主要指国家的大政方针和政策。个人的发展与社会密切相关,在进行职业生涯规划设计时,要了解相关的法律法规和当前的形势政策,既要分析哪些事情适合做,也要明确哪些事情不能做;既要分析现状,也要预测未来。经济环境对人的职业生涯发展也有较大影响,当经济振兴时,新的行业不断出现,新的组织不断产生,机构增加,编制扩容,有利于人们的就业及晋升。反之,则会带来不利影响。当今时代,科学技术日新月异,知识更新的周期日趋缩短。因此,在职业生涯规划中要充分考虑到科技文化的知识补充、理论更新、观念转变等因素。

通过各方面的环境分析,再结合自我兴趣、性格、能力等方面的评估,利用 SWOT 分析法,总结出自身的优势、劣势、机会和威胁,作出正确的机会评估,以发现和抓住对自己职业发展有利的机会。

知识链接

SWOT 分析法

SWOT 分析法又称态势分析法,它是由旧金山大学的管理学教授于 20 世纪 80 年代初提出来的,是一种功能强大的分析工具。它可帮助人们分析个人技能、能力、职业、喜好和职业机会。

SWOT 中的 S(strengths)是优势、W(weaknesses)是劣势,O(opportunities)是机会、T(threats)是威胁。从整体上看,SWOT 可以分为两部分:第一部分为 SW,主要用来分析内部条件;第二部分为 OT,主要用来分析外部条件。利用这种方法可以找出对自己有利的、值得发扬的因素,以及对自己不利的、要避开的因素,发现存在的问题,找出解决办法,并明确之后的发展方向。

3.确立目标

小故事

一家公司组织员工进行野外拉力训练。员工被分成三个组,分别由三个向导带队前往目的地。目的地设在距出发地点10千米以外的一个村子里,三个向导分别带着各自的小组成员,由三个方向步行前往,最后看哪个组最先到达。

第一组的人不知道村庄的名字,也不知道路程有多远,只知道跟着向导走。结果:刚走了两三千米,就有人叫苦;走了一半时,有人开始恼怒了;越往后走,人们的情绪越低落。

第二组的人知道村子的名字和路程,但路边没有里程碑,他们只能凭经验估计行程时间和距离。走到一半的时候,大多数人就想知道他们已经走了多远,比较有经验的人说:"大概走了一半路程了。"于是，大家又坚持向前走，当走到全程的四分之三时，人们已经疲惫不堪，情绪低落，感觉终点还是遥不可及。

第三组的人知道村子的名字和路程，而且每经过一千米就有一块里程碑。人们每走过一千米，便有一阵短暂的快乐。行程中，他们情绪一直很高涨，很快就到达了目的地。

这个故事告诉我们，目标具体明确将有助于激励人们克服困难、坚持不懈地完成预定计划。

确立职业生涯目标是进行职业生涯规划设计的关键步骤，有了明确的目标，才有努力的方向。职业生涯目标的确立要根据不同个体的主客观条件加以综合考虑。每个人的条件不同，目标也可能不同，但确定目标的方法是基本相似的。具体来讲，确立职业生涯目标要遵循以下原则。

（1）目标要符合社会与组织的需求。

职业目标如同一种"产品"，只有有市场的"产品"，才有"生产"的必要。因此，在确定职业目标时，要考虑到个人、组织及社会等内外环境的需求。

（2）目标要适合自身的特点。

不同的人有不同的性格、兴趣、能力等。因此，只有将目标建立在自己的个性特点之上，才能充分发挥自己的潜能并有所成就。

（3）目标要高低适度。

适宜的目标能起到激励作用，促进自己的发展。如果目标过高，脱离了实际，就会因好高骛远而失败；目标过低，就会停滞不前，没有前进的动力。因此，确立目标要根据自身实际，"跳一跳就够得着"最好。

（4）目标要长短结合。

长期目标为人生指明方向，可鼓舞斗志。短期目标是长期目标的构成部分，短期目标的实现让人有成就感，可增强实现长期目标的信心，有助于长期目标的最终实现。

小故事

1984 年，在东京国际马拉松邀请赛中，名不见经传的选手山田本一出人意料地夺得了世界冠军，当记者问他凭什么取得如此惊人的成绩时，他说："凭智慧战胜对手。"当时许多人都认为，这个偶然跑在前面的矮个子选手是故弄玄虚。马拉松是体力和耐力的运动，只要身体素质好又有耐性就有望夺冠，爆发力和速度都在其次，说用智慧取胜，确实有点勉强。

两年后，在意大利国际马拉松邀请赛上，山田本一又获得了冠军。有记者问他："上次在你的国家比赛，你获得了世界冠军，这一次远征米兰，又压倒所有的对手取得第一名，你能谈一谈经验吗？"

山田本一性情木讷，不善言谈，回答记者的仍是上次那句让人摸不着头脑的话："用智慧战胜对手。"记者这回在报纸上没再挖苦他，只是对他所谓的"智慧"迷惑不解。

想一想：山田本一为什么能多次获得世界冠军呢？

十年后，这个谜团终于解开了。山田本一在他的自传中这么说："每次比赛之前，我都要乘车把比赛的线路仔细看一遍，并把沿途比较醒目的标志画下来，比如第一个标志是银行，第二个标志是一棵大树，第三个标志是一座红房子……这样一直画到赛程的终点。比赛开始后，我就以百米冲刺的速度奋力向第一个目标冲去，等到达第一个目标，我又以同样的速度向第二个目标冲去。四十几千米的赛程,就被我分解成这么几个小目标跑完了。起初,我并不懂这样的道理,我把我的目标定在四十几千米处的终点线上,结果我跑到十几千米时就疲惫不堪了,我被前面那段遥远的路程给吓倒了。"

(5)同一时期的目标不宜定得太多。

就职业生涯的目标而言,同一时期的目标最好集中为一个。目标太多,容易心思混乱,精力分散。所以,应把目标集中在一个焦点上,全力以赴实现目标。

(6)目标要具体明确。

如果目标空洞含糊,没有具体明确的内容,就失去了指引人前进的方向,不仅起不到目标的作用,还很可能打消人的积极性和进取心。

(7)目标要留有余地。

在实现职业生涯目标的时间安排上,不要过急、过满。如果目标设定过急,就会"欲速则不达",不是计划落空,就是影响工作质量;如果安排得过满,在同一时间里既要做这个,又要做那个,就会顾此失彼,身心疲惫,无法坚持。

4. 制订措施

在确定了职业目标后,就要制定相应的行动计划来落实,把目标转化成具体的方案和措施分段进行。职业生涯规划的措施主要包括三个方面的内容。

(1)规划路径:即制订达到阶段性目标和职业目标的具体步骤。

(2)时间安排:即规划出落实行动和完成任务的具体起止时间。

(3)具体方法:即达到目标所采取的具体行动方案,包括具体的方法、手段、需要动用的相关资源等。

5. 评估反馈

俗话说:计划赶不上变化。在现实生活中,由于家庭环境、组织环境、社会环境、个人成长中的个性心理发展变化以及各种不可预测因素的影响,个人的职业生涯发展往往不是一帆风顺的。为了更好地把握人生,主动适应和利用各种变化,人们需要定期评估反馈,调整优化自己的职业生涯规划。评估反馈的内容包括以下五点。

(1)自我条件重新剖析。即在实践的基础上重新认识自己和分析自己,了解自己的优势与不足。

(2)生涯机会重新评估。即结合现实的组织环境和社会经济环境,分析自己未来发展的空间及可能性。

(3)职业生涯目标修正。即根据实际情况,重新思考与确定自己的人生与职业发展目标,使其更加适合自己的实际情况,更加有利于自己的发展。

(4)调整生涯发展策略。即根据新的情况和目标,重新调整并制定职业生涯发展策略,强化自己的优势,弥补自己的不足。

(5)积极落实新的生涯规划设计方案,使之进入一个新的规划、实施、评估反馈周期。

总结职业生涯规划设计的整个过程,即得到如下所示的流程图。

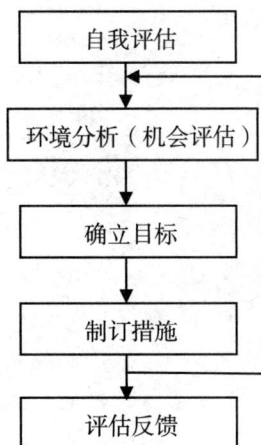

```
┌──────────────┐
│    自我评估    │◄─┐
└──────┬───────┘  │
       ▼          │
┌──────────────┐  │
│ 环境分析（机会评估）│  │
└──────┬───────┘  │
       ▼          │
┌──────────────┐  │
│    确立目标    │  │
└──────┬───────┘  │
       ▼          │
┌──────────────┐  │
│    制订措施    │  │
└──────┬───────┘  │
       ▼          │
┌──────────────┐  │
│    评估反馈    │──┘
└──────────────┘
```

做一做

请根据职业生涯规划的步骤和方法,设计自己的职业生涯规划书。

？ 思考题

1.职业生涯有什么特点?

2.什么是职业生涯规划? 职业生涯规划受哪些因素影响?

3.职业生涯规划有什么意义?

4.职业生涯规划设计的原则是什么?

第四章　就业心理

▌教学目的和要求▐

让学生学习就业心理定位、影响因素、就业动机等一般常识；知晓在就业中常见的心理表现，做好就业应有的心理准备，树立正确的就业心理意识；了解在就业中存在的一般心理问题，掌握调适不良就业心理的方法，从而为顺利走向社会奠定坚实基础。

随着职业教育的发展，职校学生的人数越来越多，就业成了大家普遍关心的问题。在就业过程中，由于部分职校学生对就业现状认知不足，对就业心理定位不准确，"高不成，低不就"的现象普遍存在。因此，加强对职校学生进行就业心理指导，促使他们形成健康的、良好的就业心理，就显得十分必要。

第一节　就业心理概述

一、就业心理的含义

就业心理是指人们在考虑就业问题时，为获得职业进行准备，以及在就业过程中产生的各种心理现象。对个人而言，它主要包括就业导向系统、就业动力系统和就业功能系统，这三个系统既相互关联又相辅相成，它们共同在人们的就业过程中发挥着各自的作用。

1. 就业导向系统

就业导向系统是指人们在就业过程中所具有的价值观、世界观和职业伦理。其中，就业价值观对人们选择职业具有很大的指导作用，它决定了人们的职业目标和选择职业的标准。

2. 就业动力系统

就业动力系统主要包括个人在就业过程中的兴趣、需要、信念、理想等，系统中的各种成分推动个体积极地树立特定的职业目标，努力克服各种困难，坚持不懈地去争取职业目标的完善和人生价值的实现。

3. 就业功能系统

就业功能系统主要包括个人在就业过程中的气质、性格和能力。就业功能系统中的各种成分保证个体去适应和胜任相应的职业，在努力胜任挑战工作任务的同时，个体心理功能也得到磨砺、发展和加强。

二、影响就业心理的因素

影响职校学生就业心理的因素，主要有主观因素和客观因素两个方面。

（一）主观因素

1. 心理发展水平

心理发展水平包括心理健康水平和心理素质水平两个方面。心理健康水平包括智力发展状况、情绪状态、行为反应、心理适应能力；心理素质水平包括自尊心和自信心、意志品质和沉着果敢的精神、竞争与创新的意识与能力、团结协作和开拓进取的精神、自我控制和自我心理调节的能力。心理发展水平直接影响着个体的工作能力和工作效果，所以很受用人单位重视。

2.个性特点

个性是指一个人在生活实践活动中经常表现出来的、比较稳定的、带有一定方向性的个体心理特征的总和，是指一个人区别于其他人的独特的精神面貌和心理特征。

俗话说："人上一百，形形色色。"不同的个性特点，决定了学生在择业时有不同的心理和行为表现，决定了择业的不同取向。如有的学生希望得到一份稳定的工作，有的学生甘愿承担一定的风险而自主创业；有的学生希望到经济发达地区工作，有的学生甘愿到艰苦的地方奉献自我；有的学生择业时消极自卑，有的学生择业时充满自信等。

3.知识结构

知识结构是指知识体系在求职者头脑中的内在联系。结构决定着能力，不同的知识结构预示着能否胜任不同性质的工作。目前，职业发展呈现出智能化、综合化等特点，根据职业发展的特点，从业者的知识结构应该更加宽泛和合理。学生在校学习期间，不仅要掌握本专业的知识技能，而且要对相近或相关的知识技能进行学习。只有掌握广泛的基础知识和必要的技能，才能适应因社会快速发展而对人才要求不断变化的情况。可以说，丰富的知识容量、较强的动手能力、合理的知识结构是学生在求职市场上自信的基础，也是学生实现顺利就业的关键。

（二）客观因素

1.社会环境

影响就业心理的社会环境因素包括社会风气、社会经济发展对人才的需求状况、就业形势、就业政策等。虽然社会需要很多技能型人才，但社会大环境有时也会给职校学生的求职带来不少障碍和心理落差。随着高校扩招，社会留给职校学生的就业岗位越来越少。有部分用人单位，带着"有色眼镜"来看待职校学生。

2.学校教育

学校作为社会的一个职能机构，肩负着对学生进行社会化教育与培训的责任。学校教育直接影响着学生的就业心理发展水平。近年来，有部分职业学校偏重于对学生进行专业知识的灌输和操作技能的训练，不够重视德育、心理健康方面的教育，致使部分学生在求职过程中存在诸多疑问和困惑，甚至出现心理障碍。这是一个亟待解决的问题。

3.家庭环境

家庭的教育方法、家长的价值观念等都影响着职校学生的心理发展，职校学生的就业心理很容易受到家庭因素的影响。如教育模式为民主型的家庭，学生就业时会比较自信和乐观，敢于面对挑战；教育模式为溺爱型的家庭，学生在严峻的就业形势面前就容易悲观、无助和自卑，寄希望于家长的帮助。当然，父母在子女就业时的态度，对即将毕业的学生的择业心态也有重要影响，如有的父母希望子女留在身边，有的父母不愿子女到民营或个体企业就业等。家庭教育影响着职校学生个性品质的形成，父母的态度使学生在择业时有所顾虑，这些都会影响学生的就业心理。

三、就业心理定位

就业心理定位是综合考察和评价自己的优势与劣势，然后确定适合自己的发展方向和空间的过程。具体来说，它包含两层含义：第一，确定自己是谁，适合做什么工作；第二，告诉别人你是谁，擅长做什么工作。

> **议一议：**
> 职校学生在就业过程中该怎样定位自己？

准确的就业心理定位有以下几个方面的积极作用。

第一，定位准确，能持久地发展自己。有的人事业发展不顺利，不是能力不够，而是选择了并不适合自己的工作。有的人并没有认真思考一下"我是谁""我适合做什么"，不清楚自己要什么。有的人把时间用在追逐不是真正适合自己的工作上，随着竞争的加剧，会感觉后劲不足。因此，准确地定位，可以获得更加长远的发展。

第二，定位准确，能善用自己的资源。集中精力发展，而不是"多元化发展"，这是职业发展的一个规律。有的人多来年涉足很多领域，学习很多知识，但是内容都很表面、浅显并没有很强的竞争力。这就是定位不准、不能善用资源的结果。

第三，定位准确，能抵抗外界的干扰，不会轻易放弃。有的人选择工作，用现实的报酬作为准则，哪里钱多去哪里，什么时尚干什么，但风水轮流转，今天时尚的，过几年可能就不时尚了，从前挣钱容易的，过几年也许就不容易了。给自己准确定位，你就会理性地面对外界的诱惑。

第四，定位准确，能让合适的用人单位招聘你，让你的上司正确地培养你，或者让你的所有关系帮助你。有的人在写简历和面试的时候，不能准确地介绍自己，使得面试官不能迅速地了解你；有的人在职业上摇摆不定，使得单位不敢委以重任；还有的人经常换工作，使得朋友们不敢积极相助。定位不准，就好像游移的目标，让人看不清真实的面目。

总之，随着职业中的诱惑越来越多、竞争越来越激烈，我们必须给自己一个准确的就业心理定位。否则，我们可能有了机遇也把握不好，找到的又不是适合自己的；或者找错了大方向，改变起来又很难；或者得到的又轻易失去，走了好多弯路；或者精力分散，失去了自己的优势地位。

小故事

大哲学家柏拉图带着他的七个学生来到一块麦田前说："你们现在从这块田地里走过去，捡一个最大的麦穗。你们只能捡一个穗，且谁也不准回头。如果谁捡到了，这块田地就归谁。"

"这还不简单！"学生们听了，高兴地说。

"好，我就在对面等你们。"柏拉图说。

于是，那七个学生穿过麦田走到对面，可他们最后都失败了。原因很简单，他们以为最大的麦穗在前头，所以一路上总是匆匆向前。结果，到了尽头，才发现最大的麦穗已经被自己错过——追求最大的却失去最大的。

我们常常胸怀大志，可很多时候，却空有理想。理想是那个最大的麦穗，在前头，但如果不抓住机会，它可能就是麦地终点那个瘦小的麦穗。在就业路上，我们要头脑清醒，学会辨别，学会准确定位自己，善于把握机会。

四、毕业生常有的就业动机

需要产生动机,就业心理的核心问题就是就业动机问题。就业动机是指求职者在选择就业岗位时的目的动机。通俗地说,就业动机就是指求职者在选择就业岗位时的一些想法。影响就业动机的主要因素有职业的社会意义、经济报酬、地理位置、劳动强度、自身的适应性等。一般来说,学生常有的就业动机主要表现为以下几种类型。

第一,谋求专业对口的职业岗位。不少学生在就业时首选专业对口的职业,认为专业对口能缩短工作适应期,有利于自我才能的发挥和自我的发展。所以,不少学生宁愿报酬低点,条件艰苦点,也乐意从事与所学专业相关的工作。

第二,谋求社会地位高的职业岗位。职业有一定的社会意义,社会地位高的职业容易受人尊重。所以,学生在求职择业时,社会地位高的职业岗位几乎是他们的优先选项。

第三,谋求稳定性强的职业岗位。我国传统的劳动人事制度认为,有了稳定性才有安全感,所以,部分职校学生不愿到民营企业、中小企业去工作,而愿到一些所谓"保险性"强的国有大中型企业去工作。

第四,渴望到经济发达地区工作。经济发达地区就业机会较多,劳动报酬相对较高,就业市场也相对规范。于是,众多学生蜂拥而至,使部分地区的人才呈过剩状态。

案例

2019届毕业生小王,来自重庆万州。直到当年3月,他还未落实工作单位。教师去参加学术研讨会,顺便将他的应聘材料带去,帮他落实。刚好,万州有一家公司想要他,专业对口,又在他的家乡。然而,他本人的择业意向却是:地点必须在重庆主城,至于在什么单位、具体做什么工作都无关紧要,除此之外都不考虑。在这种心态下,结果自然难以如愿。

案例分析

在当前学生的择业过程中,小王的思想具有一定的代表性。不少学生过于向往经济发达地区,尤其是沿海地区的发达城市,最低的期望也是回自己家乡所在地的中心城市。他们只注重经济文化发达、工作环境优越的一面,而忽视了人才济济、相对过剩的一面,择业期望值居高不下,从而导致主观愿望与现实需求之间存在落差。

第五,注重经济待遇。在市场经济环境条件下成长起来的学生对经济问题很敏感。一直依靠父母供养的学生,渴望真正自立时,挣钱也会成为当务之急。只有找到一个工资待遇较好的工作,他们才能更好地成家立业、回报父母。所以,学生择业时,经济待遇是他们考虑的一个重要因素。

想一想:　同学们,请你认真地想一想:你的就业心理动机属于哪一种类型?与自身的情况和当前的就业形势矛盾吗?请说说理由。

五、常见的就业心理表现

由于每个学生的就业动机不同,结合其自身实际,就会有不同的就业心理表现。有的学生乐观、自信,为自己的就业目标不懈努力;有的学生则消极、悲观,认为自己生不逢时,茫然无措,不知从何做起。

(一)积极的就业心理表现

1.乐观自信

乐观自信的学生能客观地认识和评价自己,对职业的要求有比较明确的目标,能正确分析社会就业形势和社会需求,求职时能够扬长避短,采用最有效的方法追求目标。他们主动收集就业信息,主动出击,直至找到自己比较满意的职业。

2.敢于竞争,有风险意识

这部分学生能顺应形势,明白在求职市场中竞争是必然的。一方面,他们为提高自身的就业竞争力而不断地从各方面充实完善自己,积极参与社会实践和校园文化活动,提升自身综合素质;另一方面,他们有强烈的竞争意识,敢于竞争,具有冒险精神,不再把"稳定"作为重要选择,而更喜欢具有挑战性和竞争性的岗位。尽管这样的岗位有一定风险,但其发展潜力也大,更容易体现自身价值。

(二)消极的就业心理表现

1.缺乏自信,依赖他人

面对择业就业,有的学生有人际交往障碍,见到招聘人员就害怕,连尝试应聘的勇气都没有;有的学生忧心忡忡,担心在招聘会上受到打击,觉得失败了很没面子,一看到求职者众多,就打"退堂鼓";有的学生纯粹依赖家长、亲朋好友,甚至在洽谈会上,也由父母或亲朋好友代替自己。

2.自卑自贱,封闭自我

有的职校学生把自己没能进入普通高中学习、没能进入本科学习看作人生的一大失败,把读职校看作成绩差、没前途的代名词;有的职校学生对自己的专业知识、专业技能和综合素质不自信,在潜意识里总觉得自己低人一等。例如,在有些省市级职能大赛中取得优异成绩的学生,对一些工作条件较好、工资较高的职位竟也不敢争取。

📋 案例

毕业生小刘,学习成绩和其他方面条件都不错,在就业初期满怀信心,但由于专业冷门等原因,找过几家单位都碰了壁,结果产生了自卑感。在后来的择业过程中,小刘表现越来越差,陷入恶性循环,以致到了新的招聘单位,只能被动地问人家:"学某某专业的要不要?"其他什么话都不敢讲。最终,小刘未能落实就业单位。

📈 案例分析

小刘的失败是自卑心理在作怪。他在择业遭受挫折后,一蹶不振,对自己评价过低,衰失了应有的自信心。由于缺乏主动争取和利用机遇的心理准备，在择业时，小刘不敢主动、大胆地与用人单位交谈，不能很好地表达自己，失去了很多机会。越是躲躲闪闪、胆小和畏缩，越不容易获得用人单位的青睐。这种心理严重妨碍了一部分学生正常的就业竞争，使得那些原本在某些方面比较出色的学生也陷入了"不战自败"的困境。

3. 犹豫观望，徘徊不定

世界上没有十全十美的工作，任何工作都是有利有弊的。在双向选择时，有的学生瞻前顾后，犹豫观望，徘徊不定；有的学生该拍板时不敢拍板，即使作出一个决定，也忐忑不安，顾虑重重，别人一旦说好，便沾沾自喜，别人若说不好，就后悔不迭。这些学生由于缺乏对自己的清醒认识，对利害得失过分在意，往往会失去许多良机。

4. 缺乏主动，盲目从众

很多职校学生由于缺乏择业的主动性，缺乏对现实就业市场和政策的充分了解，缺乏对就业信息的主动收集与分析判断，对自己的职业目标、需要、价值观以及自身特点没有明确的认识。由于不能客观认识自身的能力、专业性质和就业环境，会产生从众的心理，出现"扎堆"现象。往往一个班级有一个学生坚定地选择或放弃了某个单位，其他同学就会盲目跟风，他们认为大多数人选择的一定没有错。盲目跟风，随波逐流，最终常会导致一事无成。

5. 怨天尤人，认为生不逢时，怀才不遇

在求职的道路上，没有人会主动向你说"请"字，你必须使劲敲门，直到有人来给你开门。而有些学生没有明白这个道理，面对求职的艰辛，怨天尤人，认为自己生不逢时、怀才不遇，在郁闷和抱怨中打发日子，而不是发挥自己的主观能动性，适应形势的变化，主动地进入求职市场。

在人才竞争异常激烈的今天，毕业生应该使自己与社会发展要求保持一致，根据社会需要和自身条件，既不自负也不自卑，充分发挥自我优势，正视自己的不足，认真分析主客观各方面的要素，通过"双向选择"，找好自己的就业心理定位，最终寻求到自己理想的职业。

第二节　就业过程中应有的心理准备和意识

就业是职校学生人生发展中的一次重大转折。为了适应职业需要，学生应做好就业知识和能力方面的准备以及充分的心理准备，调整好就业心态，树立正确的就业意识，勇敢地迎接就业挑战。只有这样，才能走好将理想转化为现实的第一步。

拓展阅读

职校学生就业过程中存在的心理误区

当前，职校学生就业过程中存在的心理误区，主要体现在以下五个方面。

1. 对自己的知识和学历层次认识不清，不愿意到企业、到基层去工作。

2. 误认为职业学校现在还像过去一样包找工作、包分配，没有危机感和危机意识，错误地认为没有工作学校会负责到底。学生应该明白，现在的分配方式是双向选择，即最后能否就业,取决于自己和用人单位的选择。

3."一次到位"的思想严重,总想只选择一次就找到适合自己的工作。这种愿望不是每个人都能实现的。在市场经济条件下,生存是第一位的,任何层次的毕业生,都要先在社会上立足,然后才能谋求发展。

4.轻视体力劳动及对高薪的追求使就业渠道变窄。有的学生不愿意到基层尤其不愿意到流水线上去工作,嫌工作太累;还有的同学愿意找一个稳定的工作,但又不愿意去国营单位,因为工资低。事实上,高薪、舒适而又稳定的工作几乎是不存在的,想舒舒服服赚大钱,无异于"天方夜谭"。

5.眼高手低。有丰富的工作经验,并有一定专业技术和理论水平的工人,是许多企业不惜重金争相追逐的人才。可是,学生刚刚毕业,并没有多少工作经验,因此,学生应关注:所提供的岗位是否能尽快地让自己的理论知识转变为实践经验,是否能对自己的技术有较大提升?

一、就业过程中应有的心理准备

由于职校学生在就业过程中存在一些心理误区,致使部分学生备受就业择业问题的困扰,甚至产生一些心理问题,严重地影响学生的顺利就业。毕竟从理想转化为现实不是一个简单的过程,需要我们精心准备。

> **议一议:**
> 如何做好择业前的心理准备? 如何在就业过程中做好自我定位?

面对就业经验的缺乏、不正确的心理认知和异常激烈的就业市场竞争,我们应该如何避免或减轻这种困扰呢?

(一)做好角色转换的心理准备,并进行合理的角色定位

对于绝大多数学生来说,学校阶段过的是一种相对单纯而又有保障的生活,学习、生活、交往等都有稳定性和规律性,但这样的生活与社会现实存在一定的距离。由一个无忧无虑、令人羡慕的学生,转变为一个现实的社会求职者,这种身份的转变需要学生们抛开幻想,面对自主择业这一社会现实,及时地进行角色调整。只有这样,才能使自己有充分的心理准备去应对激烈的就业竞争。

学生应该清醒地认识到,在学校所学的一切,只是一个知识与能力的积累和储备,只是为了适应社会需要、成为一名合格的社会主义建设者而打下的基础。这样,学生就不再认为自己是社会上的特殊群体,而是就业劳动大军中的普通一员,从而及时地进行角色转换和合理的角色定位,正视自己的身份,自觉投身于择业者行列,寻找适合自己的位置。

(二)做好正确自我认知的心理准备

每个人都有自己特定的气质、性格、兴趣、爱好、能力、特长等,这决定了适合自身的职业和职业发展方向的不同。全面了解自己是选择职业的重要前提,作为一名求职者,只有在知己的基础上才能扬长避短,作出适合自己的求职决策。通过与教师、家长、同学交流,得到他们对自己的客观评价,有助于正确的自我认知。

(三)做好正确职业认识和评价的心理准备

正如不同的人适合不同职业一样,不同的职业也需要不同的人来适应。作为一名求职的学生,需要对职业要求有一定的认识。如从事推销、公关性质的职业,需要性格外向、多血质或胆汁质的人,而在流水线上工作的人,最好具有黏液质的气质特征。

职业只有分工不同,没有高低贵贱之分。俗话说:"七十二行,行行出状元。"因此,作为一名职校学生,不要把自己的职业选择限定在某个范围内,应努力摆脱轻视体力劳动和服务性劳动的传统思想,拓宽就业渠道;应根据社会需要和自己的特点,选择适合自己的职业。

做一做

我的职业梦

1.根据你目前的专业、学业等自身发展情况,结合社会现实,在纸上写下你最想选择的1～3个职业。

2.写出选择每个职业的理由,并评估每个"理由"对自己的价值和意义。看自己更倾向于哪一种职业,为什么?

3.要想实现"我的职业梦",自己的优势在哪里?还需要在哪些方面作出努力?把它们一一列在纸上。

4.对你需要努力的每个方面做出具体的规划。

(四)做好面对严峻就业形势的心理准备

由于2020年"新冠肺炎疫情"和国际形势等诸多因素的影响,国际国内就业形势非常严峻。特别是高等教育从"精英教育"过渡为"大众化教育"后,我国人才已经出现了"相对过剩"的现象!作为即将毕业走向社会的职校学生,对目前的就业形势要有充分的认识,做好求职道路上可能会很艰辛和曲折的心理准备。

(五)做好克服依赖,实现真正自立的心理准备

青年学生在毕业前,绝大多数依赖父母和教师的帮助指导,没有也不可能实现真正意义上的自立,甚至有的学生由家长出面与用人单位洽谈就业事宜。殊不知,这样做的结果是用人单位会对职校学生产生开拓能力缺乏、独立生活和工作能力差的印象。

因此,职校学生应充分做好不依赖任何人的心理准备,争取靠自身实力叩开职业的大门,努力实现自主择业、就业,实现真正自立。

案例

在3月份学校举办的小型招聘会上,学生小李的父母在招聘会尚未开始时,就早早地到会场打听单位的情况。招聘会开始很久以后,小李才姗姗来迟,并由家长陪同前往用人单位摊位前面谈。在面谈过程中,小李发言的时间还没有其父母多。结果,小李谈了一家又一家,最终一无所获。

案例分析

小李的问题在于择业过程中过分依赖他人。过于依赖他人是难以得到一份满意的工作的。现在的学生中,独生子女所占的比重很大,他们的生活一帆风顺,没有经历过什么挫折,再加上父母的过分呵护,客观上养成了依赖心理。这些学生大多缺乏主见,自我意识模糊,在择业中常会茫然不知所措,自己独立进行择业决策的能力差,以致在人才市场上,父母代替子女、亲友代替本人与用人单位洽谈的场面屡见不鲜,难怪有用人单位对依赖性过强的学

生说:"你本人都要靠别人来推销,企业还能靠你来推销产品吗?"

脱离对别人的依赖,独立地锻炼和发展自己,扔掉拐杖,走出成长的误区,并不是一件非常困难的事情,因为别人能够做成的事,自己也一定能够做成。那么,怎样培养独立自主的习惯呢?

1. 生活自理

学会生活自理是提高生存能力、竞争能力和自我发展能力的基础,是一个人独立意识和独立能力的起点,我们可以从最基本的衣、食、住、行几个方面来锻炼自理能力。家庭是我们成长的摇篮,学校是我们成长的温室,但是我们不可能永远生活在摇篮和温室中,终究要走进社会,经风雨,见世面。古语云:一屋不扫,何以扫天下?这句古训告诉我们,如果对生活中的一些小事都不能自理,即使完成了学业,也根本不可能在社会中立足,更别提为社会作出贡献!缺乏自立能力的人,只能成为家庭的累赘、社会的负担。

想一想:自己如何才能养成独立自主的好习惯?

2. 在困难中锻炼意志

每当面对生活中的障碍和困难时,要暗示自己不要求助别人,要鼓励自己独立地思考和解决。一旦通过自己的努力克服了困难,就能体会到成功的喜悦,从而增强自信心,养成独立思考和解决问题的习惯。

当一个人感到外部所有的帮助都已被切断之后,他就会尽最大的努力,以坚忍不拔的毅力去奋斗,让自己主宰自己的命运。被迫完全依靠自己,没有任何外部援助是很有意义的。它能激发一个人的意志,让人全力以赴,自立自强,走向成功之路。

3. 主动承担任务和责任

在工作中,主动为领导和同事提供力所能及的帮助,大胆承担别人托付的任务,不仅能让自己进步,为他人和集体作出应有的贡献,而且还可以增强自己的责任心。

4. 摆脱对别人的依赖心理

遇事不要等别人来拿主意,要自己思考,自己决断;发表言论,不要总是附和别人的观点,要有自己的独到见解;不要追赶潮流,要有走在潮流尖端的勇气;困难面前,不要总是等别人的援助,要自己想办法克服。我们要有意识地把自己放在一个孤立的境地,"破釜沉舟",逼出自己的潜能,挑战自己的极限。只有摆脱依赖心理,才能找到自己的生活方向,找到自己的生活目标;只有摆脱依赖心理,才能靠自己获得事业的成功。

(六)做好遭遇挫折的心理准备

求职过程是一个竞争的过程,有竞争就有失败者。当前,由于受多种因素的影响,学生的就业理想与现实会出现一定的差距,有些学生可能会产生自卑、恐惧等心理。但作为一名新时代的职校学生,我们应该勇敢面对,清醒地认识自己和当下的就业形势,预想到可能出现的障碍和挫折,不怕失败,及时总结经验和教训,愈挫愈勇,直到就业成功。

🐝 **小故事**

在美国,有一位穷困潦倒的年轻人,即使在身上全部的钱加起来也不够买一件像样的西服的时候,仍全心全意地坚持着自己心中的梦想。他想做演员,拍电影,当明星。当时,好莱坞共有500家电影公司,他根据自己认真划定的路线与排列好的名单顺序,带着自己写好的、量身定做的剧本前去拜访,但第一遍下来,500家电影公司没有一家愿意聘用他。面对百分之百的拒绝,这位年轻人没有灰心,从最后一家被拒绝的电影公司出来之后,他又从第一家开始,继续他的第二轮拜访与自我推荐。在第二轮的拜访中,他仍然被拒绝。第三轮的拜访结果仍与第二轮的相同。

> **想一想:**你在生活中遇到过挫折吗?你是怎样面对的?

这位年轻人咬牙开始第四轮拜访。当他拜访到第350家电影公司的时候,老板破天荒地答应让他留下了剧本。几天后,年轻人获得通知,请他前去详谈。在这次详谈中,这家公司决定投资开拍这部电影,并请这位年轻人担任自己所写剧本中的男主角。

这部电影的名字叫《洛奇》。这位年轻人的名字就是西尔维斯特·史泰龙。

(七)做好就业后期望值与现实有差距的心理准备

大多数学生都是怀着对未来的美好期望离开学校,走向工作岗位的。一帆风顺的成长过程,可能使他们梦想着在社会这个大舞台上一展身手,实现自己的人生价值。但职校学生职业意识的缺乏和工作能力的不足,可能会导致领导和同事的批评或冷遇。有时不是学生的过错,也会受到批评,让他们感到冤枉和委屈。遇到这样的情况,有的毕业生能够冷静下来,分析原因,亡羊补牢,不断进步;但也有一些学生,一气之下"跳槽",给自己造成不必要的损失。

对每个人来说,以往的成败得失只能代表过去,新的起点需要以自己的实际表现来赢得别人的尊重与信任。所以,我们要对期望值与现实的差距有一定的心理准备,宠辱不惊,不断完善和提高自己。

总之,面对人生的第一次就业,我们要做好充分的心理准备,顺应社会发展。古人曰:"凡事预则立,不预则废。"只有未雨绸缪,才能临阵不乱。希望每个学生都能找到自己满意的工作,并在自己的工作岗位上做出一番成绩。

二、就业过程中应有的意识

必要的心理准备是学生顺利就业的前提,而树立一定的就业意识,则能帮助学生充分发挥主观能动性,迎接就业过程中各方面的挑战。

1.培养积极主动的求职意识

毕业前夕,有很多学生还沉浸在学校生活的幻想当中,并没有感觉到自己即将毕业,马上就要步入社会。这时候,需要学校和教师及时提醒学生,培养学生积极主动的就业意识,让学生清醒地认识到:很快就要毕业了,如果不想继续深造,赶快找工作吧!仅仅依靠学校、教师提供的就业信息,会遗漏很多自己擅长或者感兴趣的岗位,只有积极主动才是最佳状态。

2.转换角色意识

对学生来说,大部分时间都是在校园和家庭中度过的,对社会了解较少。虽然有一些社会实践和实习活动,但对社会也只是有限的接触。从学生到职业人,是社会角色的转变,学生必然会有一个适应过程,必然会有一段磨合期。学生应意识到这种角色转变,自觉地调整自己的思想和行为,以适应社会和用人单位的要求。

3. 竞争意识

不少职校学生在与大学生的就业竞争中存在自卑感,认为大学生比自己的理论知识深厚,各方面素质都比自己高,在竞争中肯定会占绝对优势。但是,职校学生也应看到大学生在找工作时普遍存在要求工作条件较好、工资待遇较高问题;也应认识到无论哪个用人单位的工作岗位都有层次之分,所需人才的知识结构也有层次之分;还应看到自身在理论和实践的结合上,实际动手能力和工作务实上的优势。因此,职校学生应抓住机遇,抛开自卑,大胆地向用人单位推荐自己,不要因一两次求职失败就心灰意冷,不要因自己的学历不高就主动放弃理想岗位的竞聘。机会转瞬即逝,一定要有积极主动的竞争意识。

小故事

日本有一个流传很广的故事。古时候,日本渔民出海捕鳗鱼,因为船小,回到岸边时鳗鱼几乎都死光了。但是,有一个渔民,他的船和船上的各种捕鱼装备,以及盛鱼的船舱,都和别人完全一样,可他的鱼每次回来都是活蹦乱跳的。因此,他的鱼卖的价钱比别人高一倍。没过几年,这个渔民就成了远近闻名的大富翁。直到身染重病,不能出海捕鱼了,这个渔民才把这个秘密告诉他的儿子。原来他在盛鳗鱼的船舱里,放进一些鲶鱼。鳗鱼和鲶鱼生性好斗,为了对付鲶鱼的攻击,鳗鱼被迫竭力

> **议一议:**
> 这个故事中的鳗鱼是怎样生存下来的?

反击,在战斗的状态中,鳗鱼求生的本能被充分地调动起来,所以就活了下来。渔民还告诉他的儿子,鳗鱼死的原因是它们知道被捕捉了,等待它们的只有死路一条,生的希望破灭了,所以在船舱里过不了多久就死掉了。渔民最后忠告他的儿子,要勇于挑战,只有在挑战中,生命才会充满生机和希望。

4. 创业意识

青年学生思维活跃,创新意识强,在政府多项优惠政策的激励下,完全可以走自我创业的道路,不但为自己拓展了就业渠道,而且能最大限度地满足自我实现的需要。

第三节　就业过程中的心理调适

由于多方面因素的影响,职校学生在就业过程中难免会产生一些心理问题,影响就业。但只要正确对待,认真调适,就会使职校学生卸下包袱,轻装上阵,从而实现顺利就业。

一、就业过程中的一般心理问题

一般观点认为,职校学生就业过程中的心理问题主要有挫折心理、从众心理、嫉妒心理、

羞怯心理、盲目攀比心理、自卑心理、依赖心理等。为了帮助同学们更好地认识这些问题,我们将从以下几个方面来进行分析。

(一)就业过程中常见的心理问题

1.就业心理压力与焦虑

有机构调查显示,个人前途与就业已成为职校学生产生心理压力最大的因素,而且压力有随着年级升高而上升的趋势。主要是人生方向的选择、就业、是否继续深造等带来的压力和焦虑。女生心理压力大于男生,农村学生的焦虑程度高于城市学生。而职校学生面对就业压力的释放方式过于简单,主要是自己解决或求助同学、朋友。

2.就业心理期望与失落感

许多职校学生对择业的期望非常高。他们会侧重考虑择业的地域和经济效益,大多希望到生活条件好、福利待遇高的地方工作,而不愿到急需劳动者、条件艰苦的地方工作。高期望驱使学生总是向往高薪水、高职位、高起点,并对用人单位提出种种

> **议一议:**
> 怎么消除因自我期望值太高与现实产生的落差所带来的负面情绪?

要求,即使找不到合适的单位也不肯降低就业期望值。可是,现实的就业岗位大多不像学生所想象的那么理想,当他们发现现实与理想的差距较大时,就容易出现"高不成,低不就"的现象,并产生偏执、幻想、自卑、虚伪等心理问题,并可能导致择业行为的偏差。

3.就业观念不合理

职校学生的就业观念虽然在总体上倾向于务实化与理性化,但由于其处于就业观念的转型阶段,各种不良的就业观念也同时存在并影响着他们顺利就业。这些不良的就业观念主要表现在以下几个方面。

(1)只顾眼前利益,忽视职业发展。一些职校学生在择业标准中只考虑工作条件、收入等眼前利益,而对自我的职业兴趣、能力、职业的发展前景等因素不进行考虑,因而极易选择并不适合自己的职业。

(2)职业标准过于功利化、等级化。一些学生过分强调职业的功利价值,甚至还将职业划分为不同等级,而不考虑国家与社会的需要,不愿意到条件比较艰苦的地区和行业去工作。

(3)求安稳,求一次到位的传统观念根深蒂固。很多职校学生仍然喜欢稳定、清闲、福利保障好的单位,希望一次就能选定理想的职业,而不愿意选择有风险、有挑战性的职业,更不敢去创业。

(4)过分强调专业对口、学以致用。在求职时,只要是与自己专业关系不密切的职业就不予考虑,人为地增加自己的就业难度。

(5)对职业意义认识不当。从观念上来说,许多职校学生还是仅仅把工作当作一种谋生的手段,没有充分认识到职业对个人发展、社会进步的重要意义。

4.就业人格缺陷

(1)自我同一性混乱。

在毕业择业的时候,有许多同学尚未达成自我同一性。具体来说,就是他们对自己的职业目标、需要、价值观以及自身特点等没有明确的认识,不能正视自己的能力、素质和择业的客观环境,不能对自己有一个客观、清醒、全面的评价。因此,他们在职业选择时往往茫然、犹豫不决、反复无常、见异思迁、躁动不安,不能主动、独立地获取职业消息、筛选目标、规划

职业生涯,也不能解决就业过程中出现的问题,做出正确的决策。自我同一性混乱在就业过程中的两个突出表现就是盲目从众与依赖他人。

盲目从众,是指在求职中不考虑自己的兴趣、专业等特点,盲目听从或跟随别人的意见以及盲目寻求热门职业的现象。持有这种心理的学生,往往脱离自己的实际状况,跟在别人的后面走。如在就业时,自己关系好的同学去哪里,他们就往哪里去,别人说什么工作好,他们就寻求什么样的工作,全然不顾自己的能力和现状,不会扬长避短。

依赖他人,是指在就业过程中不愿承担责任,缺乏独立意识,没有个人独立的决策能力,没有进取精神,只是依赖父母、教师或学校,甚至只等职业送上门而不去积极争取。一些学生自己不去找工作,只等着父母和亲朋好友出面四处奔波,到处找关系、托人情,甚至还怀恋过去那种统包统分的制度,希望学校解决他们的就业问题。当别人为自己找的工作不合心意时就大发脾气,抱怨父母或学校。还有不少学生由家长陪着参加供需见面会,职业的好坏完全由父母决定,缺乏自主择业的能力。

小故事

早晨,一只小羊驼在栅栏外徘徊,想吃栅栏里的白菜,可是它进不去。这时,太阳东升,斜照大地,不经意间,小羊驼看见了自己的影子,它的影子拖得很长很长。"我如此高大,一定会吃到树上的果子,吃不吃这白菜又有什么关系呢?"它对自己说。

远处,有一大片果园。园子里的树上结满了五颜六色的果子。于是,它朝着那片果园奔去。

到达果园,已是正午,太阳当顶。这时,小羊驼的影子变成了很小的一团。"唉,原来我是那么矮小,是吃不到树上的果子的,还是回去吃白菜好!"于是,它又折身往回跑。跑到栅栏外时,太阳已经偏西,它的影子又变得很长很长。

"我干吗非要回来呢?"小羊驼很懊恼,"凭我这么大的个子,吃树上的果子是一点问题也没有的!"

从众心理就像故事里的那只小羊驼一样,由于对自己的认识不足,完全被外界评价左右。这是一种比较普遍的社会心理和社会行为现象,通俗的解释就是"人云亦云""随大流":大家都这么认为,我也这么认为;大家都这么做,我也跟着这么做。而对每位职校学生来说,应该克服从众心理,在决定从事什么职业、去哪家单位时,不要盲目随大流,乱"扎堆",更不能用别人的眼光定位自己要找的工作。因为,工作要靠自己去做,路要靠自己去走。

(2)就业挫折承受力差。

不少职校学生在求职时只想成功,一旦遭受挫折就像"泄了气的皮球",一蹶不振,陷入苦闷、焦虑和失望的情绪之中,不能自拔。他们对求职过程中的挫折既缺乏估计又缺乏承受能力,不能很好地调节自己的心态,也不会通过总结求职中的经验教训获得下一次的进步。

(3)自卑与自大。

一些学生在求职过程中常会产生自卑心理,对自己评价偏低,他们总是以为自己的水平比别人差,单位的要求自己肯定达不到等。就业中的自卑一般产生于以下情况:首先,一些学生看到就业市场招聘自己专业的单位少、待遇差或在求职中遭冷遇,悲观失望;其次,一些性格比较内向、不善言辞的学生看到其他应聘者口若悬河,自己什么也说不出来,自惭形秽;

再次,一些在校成绩与表现一般的学生看到别人的自荐书上奖励、证书、成果一大堆,自己什么也没有,自我贬低;最后,一些女学生在求职过程中遭受到用人单位的歧视后,自暴自弃。

自卑会让职校学生不敢正视现实,对自己的长处估计不够,怀疑自己的能力,不善于发现适合自己的职业岗位,在自我贬低中失去求职的勇气。

自卑的反面是自大,而且两者有时会相互转化。一些专业较好、就业资本较雄厚的学生容易从自信变为自负,还有一些学生是脱离实际的自大。他们既缺乏对自己的客观认识,也对就业市场、职业生活缺乏了解,一切都凭自己的主观想象。如有的学生自以为经过学校几年的学习和锻炼,任何工作都可以出色完成,在求职中自觉高人一等,自命不凡,四处吹嘘,一旦出现变故则容易陷入自卑和自责之中,从此一蹶不振。

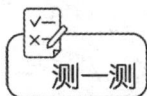

测一测

1.遇到难事,想寻求帮助,但又不愿开口求人,怕被人取笑或轻视。

2.当别人遇到麻烦时,常会有幸灾乐祸的感觉。

3.爱向别人夸耀自己的能力和“光荣历史”。

4.认为学习成绩、工作成绩是很重要的。

5.觉得入乡随俗是件困难的事。

6.觉得人的面子最重要,轻易认错是很丢面子的行为。

7.害怕生人或陌生的地方。

8.常常自问“我是很好的吗”这类问题。

9.常觉得自己是不利处境下的牺牲品。

10.是个爱虚荣的人。

答“是”得 1 分,“否”得 0 分,统计一下你的总得分。

结果分析:

0～2 分者:很有自信心,能与人和谐相处。

3～6 分者:很可能缺乏自信心,你行事可能保守而缺少魄力,但这也许能使你安于现状,生活在一种平静无事的环境中。如果认真反思一下,把你认为能做的事和想做的事列成表格,就会发现,事实上,你能做的事要比你想做的事多一些。

7～10 分者:你有一种强烈的自卑感,即使在表面上你自信、自负或自傲,但你很可能在自信和自卑的两极徘徊。有时这种性格上的矛盾令你感到痛苦,要想办法采取行动消除自己的自卑感。

(4)偏执。

在就业过程中,职校学生的偏执心理主要表现在以下几个方面。

①追求公平的偏执。对一些不良社会风气感到气愤是正常的,但对公平过分偏执,将求职中的一切问题都归结于就业市场的不公平,以致给自己的整个求职过程都笼罩上了心理阴影,就显得有点不正常了。

②对高择业标准的偏执。通过在就业市场的体验,多数人能客观地认识和接受当前的就业现状并调整自己的择业标准,但仍有部分学生固执己见,偏执地坚持自己原来的择业标准,甚至宁愿不就业也不改变自己。

③对专业对口的偏执。一些学生无视专业的伸缩性和适应性,不顾社会需要,在就业时过分追求专业对口,只要是与专业有出入的工作就不问津,只要不能干与本专业有关的工作就不签约。这样就人为地减少了就业的机会。

(5)人际交往障碍。

在就业过程中,职校学生的人际交往障碍主要表现为:

①过于怯懦和紧张。不敢在用人单位面前真实地表现自己,常常一开口就面红耳赤、语无伦次,有的学生甚至连面试也不敢去参加。

> **议一议:**
> 如何克服就业中的偏执和人际交往障碍?

②不会察言观色,不懂得照顾别人的感受,不懂人际交往的礼貌礼仪。如有位学生在面试结束时,用人单位的负责人拿给他一支烟,他不仅当即拒绝,而且还气愤地说:"我从来都没有这种恶习!"

(二)就业过程中常见的心理与行为的失调

1.过度焦虑与急躁

在就业过程中,有许多学生既希望谋求到理想的职业,又担心被用人单位拒之门外,还担心自己在择业上的失误会造成终身遗憾,并对未来的职业生活感到茫然。就业过程中存在一定焦虑是正常的,但一些学生却过度焦虑,整天都沉浸在各种不必要的担心中,以致造成精神上的紧张不宁、忧心忡忡、烦躁不安、意志消沉,行为上的反应迟钝、手忙脚乱、无所适从。

在就业过程中,还有一些学生显得过于急躁,情绪始终处于亢奋状态,常常心急如焚、四面出击、东奔西跑,希望尽快找到合适的工作,但由于缺乏对就业形势的冷静观察以及对自我求职的理性思考,做了许多吃力不讨好的事。因此,常常有一些学生在并不完全了解用人单位的情况下就匆匆签约,一旦发现实际情况与自己想象的不一样或发现了更好的工作,有追悔莫及的,甚至有毁约的,给自己带来许多不必要的麻烦与心理困扰。

2.消极等待与"怀才不遇"

与就业时的急躁心理相反的是一些学生在就业问题上表现得非常消极,平时也不参加招聘会,有单位来就看看,如果不满意就等下去,满意时也不主动争取,抱着"你不要我是你的损失"的态度,期待着有单位会主动邀请。还有些学生这山望着那山高,不肯轻易低就,明明已经找到了工作,但就是拖着不肯签约,总希望有更好的机会出现。

另外,有些学生自恃条件很好,认为自己"满腹经纶""博古通今""学富五车",可以大有作为,但由于在择业时常常碰壁或对找到的工作不满意,于是抱怨"世上无伯乐",抱怨自己运气不好,整天闷闷不乐,怨天尤人。

📋 **案例**

浙江某单位向某学校发布了要来校招聘大量员工的信息,校就业指导中心迅速公布并电话通知了各系。各系反应不一,有的系亲自打电话与对方联系,推荐自己符合条件的学生;有的系主动邀请对方到系里挑选学生;有的系则用特快专递寄出了学生的推荐材料。与此同时,部分学生却在等待面试通知,认为反正该单位要来校招聘,等来了再去面试也不迟。后来,这家单位真的来了,但其人事部门负责人却非常抱歉地说:"真对不起,其实我们几天前就已到了贵校,但刚跨进校门,就被××系盛情'拦截'而去,晚上住在贵校招待所,闻讯而来的毕业生一拨又一拨,结果我们的招聘计划提前完成了。"在场的毕业生后悔不已,机会就这样在等待中错过了。

📈 **案例分析**

在求职择业的过程中,机会对每个人都是均等的,就看你如何把握它。各种招聘人才的信息,每时每刻都在各种渠道发布和传递,好比一条河流,信息是一朵朵浪花,你抓住了,就归你所有,你错过了,就无法回头。因此,只要你认准这条信息对你有用,你感兴趣,就必须主动地以最快捷的方式做出回应,让对方知道你、了解你,这样才有可能被选中。机会往往被主动者拥有。

3.攀比与嫉妒

在求职过程中,同学之间"追高比低"的现象时有发生。有的学生在找到用人单位后,经常吹嘘自己的单位待遇如何好、收入如何高,导致其他学生的职业期望越来越高,求职变成了自我炫耀;有的学生看见或听说别人找到了条件优越、效益较好的单位,心理就不平衡,抱着"他能去,我更能去"的态度,非要找一个条件更好的单位,而不考虑自身条件、社会需要特点、职业发展及就业中的机遇等因素。

在求职过程中,有些学生对别人找到工作心存嫉妒,特别是看到自认为条件还不如自己的同学也能找到很好的工作的时候,就更容易产生嫉妒心理。于是,有些人故意对别人的工作冷嘲热讽、贬低、讽刺和挖苦,意图打击别人,更有甚者抱着"我得不到,你也别想得到"的畸形心态,在用人单位面前造谣中伤,打小报告。

4.抑郁与逆反

在择业受到挫折后,一些学生会感到无能为力,失去信心,表现为失落抑郁、不思进取、情绪低落、意志消沉,他们常常会放弃一切积极的求职努力,听天由命,严重时还会对外界的环境也漠然置之,减少人际交往,严重的则会导致抑郁症。而另外一些学生,则对正面的职业教育、职业信息存在逆反心理,对来自班主任、学校就业指导服务中心以及同学和用人单位的正确信息、善意批评和建议,他们不相信、不听从,偏要对着干,要按自己的想法去求职。当别人为其推荐工作单位时,总是抱有戒心,别人给他讲得越多,他越不相信。当求职失败时,不总结自己的问题,甚至明明知道自己失败的原因也不改正,在之后的求职过程中依然我行我素,不接受任何批评和建议。

5.行为与生理反应的失常

由于就业市场中确实存在一些不公平现象,以及某些专业确实不易找到工作的客观现实,一些职校学生在遇到就业挫折时很容易出现各种不满心理,比如有些学生认为"学习靠自己,就业靠关系",还有些学生出现了对专业、学校的抱怨和贬低等。

在各种不良就业心态的影响下,部分学生还会出现一些不良行为和生理反应。这些不良行为,如故意旷课、夜归、喝酒、起哄、闹事、损坏东西、打架、行为怪异、过度消费等,严重时还可能产生违纪和违法行为。由于心理应激水平高,心理冲突强度大,有的学生还会出现一些躯体化症状,如头痛、头昏、心慌、消化紊乱、神经衰弱、血压升高、身体酸痛、饮食障碍、失眠等。

行为与生理反应的失常通常是比较严重的就业心理失常的表现,出现这些问题时,要及时进行心理调节或寻求心理咨询专业人士的帮助。

二、就业过程中不良心理的调适

职校学生在就业过程中出现自卑、焦虑、恐惧、愤怒、退缩等不良心理反应是不可避免的,但只要我们认真对待,及时帮助学生调整好心理,就可能使其渡过难关,并以最佳状态投入到求职择业的大潮中。下面就职校学生在就业过程中最易出现的心理问题进行分析,并提出调适方法。

(一)自卑心理及调适

自卑心理是一种因过多的自我否定而产生的自惭形秽的情绪体验。其实,自卑感人人都有,但自卑感达到一定程度,影响到学生的求职择业时,就必须及时予以调适。自卑感主要来源于能力方面的消极自我暗示,如对自己知识、能力不如他人的自我暗示。另外,自卑感也会来源于生理上的某些不足而引起的消极自我暗示,如个子较矮、长相不好等;也会来源于对自己的个性特点的不良自我评价而产生的消极暗示,如自以为性格不好等。自卑感会夸大自己的不足,甚至产生以偏概全的全面自我否定,从而导致学生不能从容地走向求职市场,严重影响求职效果。针对以上情况,一般可以尝试从以下几个方面进行调适。

1.通过积极的暗示,增强自信心

每个人都有自己的长处和不足,只不过自卑者是把注意力聚焦在自身的不足之处,忽视了自己的优势和长处。针对这种情况,自卑感强烈的学生可以通过把自身的优势和长处用书面的形式罗列出来(如个性方面的优势、专业知识技能方面的优势、自己的特长、自身的道德修养、人际交往方面的优势等),把这些优点张贴或放在自己容易看到的地方,并经常默念,冲淡自我否定的思想意识,增强自信心。另外,也可以把自己人生中曾经的成功案例罗列出来,并以这些成功的案例激励自己,以增强自信心,达到积极的效果;或者制定阶段性的易于达到的目标,并按计划完成,如两天内完成自己的求职简历等,通过这些具体的成功事件来证明"我能行"。

除了寻求积极的自我暗示外,学生也可以找自己的好朋友或教师交流。人有时不能客观地认识自己,是由于"不识庐山真面目,只缘身在此山中"。通过与他人交流,得到其对自己的客观评价,特别是自己的优势和长处方面的信息,以期收获肯定和赞扬。修正不良认知,重拾自信心。

知识链接

心理暗示

心理暗示是指人接受外界或他人的愿望、观念、情绪、判断、态度影响的心理特点。是人们日常生活中,最常见的心理现象。

心理学家巴甫洛夫认为:暗示是人类最简单、最典型的条件反射。从心理机制上讲,它是一种被主观意愿肯定的假设,不一定有根据,但由于主观上已肯定了它的存在,心理上便竭力趋向于这项内容。我们在生活中无时不在接收着外界的暗示。比如,电视广告对购物心理的暗示作用。

每个人都会受到心理暗示。受暗示性是人的心理特性,它是人在漫长的进化过程中,形成的一种无意识的自我保护能力和学习能力。当人处于陌生、危险的境地时,人会根据以往形成的经验,捕捉环境中的蛛丝马迹,迅速做出判断;当人处于一个环境中时,会无时无刻不被这个环境所"同化",因为环境给他的心理暗示,促使他在不知不觉中学习。

2. 避己之短,扬己之长

每个人都有自己的长处和短处,所以,学生要进行客观的自我评价,既看到自己的优势,也要意识到自己的不足。在求职过程中,要充分发挥强项和长处,挖掘和发展自身潜力,以最佳状态出现在人才市场,争取求职成功。如果自己的专业技能强而人际交往能力差,那么就不去应聘那些营销或公关方面的工作,以避开自己的不足。

> **议一议:**
> 结合自身情况,分析怎样才能避己之短,扬己之长?

3. 正确地对待失败,客观地总结失败的教训

职校学生由于能力、经验等方面的不足,在求职过程中难免会有失败。有的学生面对失败的打击,往往无法排解,进而产生自卑感,自卑又影响到了下一步的择业,就这样出现恶性循环:失败导致自卑,自卑又引起另一次失败。其实,失败并不可怕,关键是对待失败的态度。我们求职时也应有这样的精神,失败了并不可怕,只要及时地总结教训,成功也就不远了。如果遇到失败就怨天尤人,一蹶不振,那么就可能会陷入自卑的深渊。

(二)焦虑、恐惧心理及调适

目前,"双向选择,自主择业"的市场机制使一部分过惯了依赖生活的学生感到很不适应。因为他们已习惯了家长、教师和同学的帮助,平时很少独立地与陌生人打交道,也很少独立地解决生活中的难题,但在求职时,他们必须在竞争激烈的人才市场中面对招聘人员挑剔的目光和口气,对他们来说,确实是一个不小的挑战。部分学生在缺乏对社会和用人单位的了解、缺乏对自己的正确认识、缺乏基本的求职技巧的情况下,害怕应聘失败、害怕就业,从而表现出对求职的焦虑、恐惧心理,也就不足为怪了。

焦虑、恐惧心理会影响到学生的正常求职状态或求职效果,所以,一旦出现这种情况,应予以及时调适。对焦虑、恐惧心理的调适,通常情况下,可以尝试如下几种办法。

1. 参加模拟招聘会

对大多数学生来说,进入人才市场都是陌生的,因心里没底儿才导致焦虑、恐惧。如果在经过充分准备的情况下,进行模拟招聘,学生既可以充当应聘者角色,也可以充当招聘者

角色,从而获得"临场"经验,增强实战信心。对于平时比较内向,人际交往能力比较差的学生,应该经由易到难的渐进过程来锻炼自己。比如,开始时与自己同寝室同学或好朋友进行模拟招聘演练,然后扩大至与班级其他同学,最后与同年级其他班级同学,甚至与同校其他系的同学进行模拟演练,从而克服掉对求职的焦虑、恐惧。

2. 制订计划,明确目标

有些学生之所以紧张、烦躁、心乱如麻,以至焦虑、恐慌,是因为自己都不知道自己的想法到底是什么,也不知道自己该从何做起。所以,为解决这一问题,学生应冷静下来,想一想自己"愿意从事何种职业""现在需要做些什么",然后给自己制订出明确的行动计划。例如,学习提高完善自我的计划、收集就业信息的计划等,用具体的行动来控制胡思乱想的头脑,从而克服焦虑不安的心理。

📋 案例

小刘是市场营销专业的学生。毕业时,她选择了某家电销售公司的销售岗位作为自己求职的目标。为了顺利应聘,她决定利用招聘会前的一周时间,为那家公司做一份市场调研报告。首先,她对该公司所有的产品做了细致的市场调查,从市场份额、产品到竞争对手等各方面的情况,她都了解得清清楚楚。最后在招聘会上,她拿出了一份有分量的市场调研报告,击败了众多学历高于她的竞聘者,被公司录用。

📈 案例分析

小刘针对目标公司和岗位,结合自己的专业知识,给应聘单位提供了可行性知识型成果。用人单位最希望的就是:招聘到的人,能对症下药,提出切实可行的解决方案,实实在在地解决问题。这样的人,最能获得应聘单位的认可。

3. 学会放松

放松是缓解焦虑、恐惧,达到心理平衡的有效方法之一。常用的有深呼吸法、肌肉张弛放松训练等。

📋 案例

张丹是一名性格十分内向的学生,她一到人多的场合就脸红。最初,一听说要去面试,她心里就打鼓,底气不足,一与面试人员谈话,舌头就发僵,思维就停滞,平时的机敏聪慧全不见了。尽管每次张丹都跟自己说:"要自信,要放松,我比他们都强。"但一到关键时刻准没用,该忘的还是忘,不该忘的也想不起来。为此,在最初的三个月里,她并没有找到一家合适的单位。于是,张丹心灰意冷,不抱任何希望地去面试最后一次。心里说:"就这样吧,面试完了就回山东老家,不再在这里混了。"由于她认为这次也不会成功,便随意了很多。于是,她和应聘公司的人事经理聊得很投机,一放松下来,反倒思路特别清晰。最后,张丹竟然成功地获得了这一岗位。

💬 讨论

张丹在最初的三个月里为什么没有找到工作?

①性格内向。

②情绪过于紧张。

③缺乏自信。

④临场发挥欠佳。

最后一次应聘为什么会成功?

①不过分看重这次应聘。

②保持平常心。

③放松心态。

一句话:抱着"必败"之心去面试,压力消解,轻松过关。

(三)挫折心理及调适

挫折是一种普遍存在的心理现象,是个体从事有目的的活动时,遇到无法克服的障碍或干扰而产生的紧张状态和情绪反应。挫折通常包括挫折情境与挫折感受。挫折情境是个体活动的一种特殊环境,是阻碍人们实现目标、满足需求的情境或事物,也有人称之为挫折源,如学生求职失败等。挫折感受是指个体由于挫折情境而产生的心理感受和情绪状态。

从挫折情境到挫折感受并不是一个简单的刺激—反应过程,而是受到个体的生理状态、心理状态和思想状态等诸多因素的制约,其核心是认知方式和挫折承受力。生活中常可看到,面对同一挫折情境,有的人反应轻微,有的人则反应强烈。例如,对于求职失败这一事件,求职者的反应就有很大差别,有的人一笑了之,有的人会出现不敢再到人才市场应聘的严重反应。如何有效地应对挫折,有以下几种方法。

1.对挫折要事先做好心理准备

前面我们已经谈过,在求职择业过程中,对可能遇到困难或失败要有心理准备,这样可以降低学生失望值,减少心理落差,理智地对待出现的挫折,并能够审时度势,适当调整就业目标和自己的行为方式,采用积极的挫折应对方式,增强挫折承受能力。

2.多用问题应对策略,少用情绪应对方式

当职校学生求职失败时,应该理智地分析问题出在哪里,不要仅停留在挫折感受上。一般来说,采用问题定向应对策略的效果明显优于情绪定向应对方式。所以,当学生在择业过程中遇到挫折,应该冷静地分析主、客观两方面的原因,找出问题的症结所在,为下一步行动做准备。

3.合理的宣泄

在求职遇到挫折时,学生心理上会处于焦虑、愤怒、冲动的情绪状态,如果得不到妥善化解,就可能表现出种种消极的行为反应,甚至给个人和社会带来不良后果。因此,采用合理的方式宣泄,尽快恢复心理平衡,对求职压力很大的学生来说是很必要的。宣泄的方式有多种,如到空旷无人的地方喊叫、哭泣,到运动场上做大量运动,找朋友倾诉,到心理咨询室寻求帮助等。

4.做"合理化"的解释

"合理化"的解释,是个体对于某些不愿接受的矛盾信仰、言论、想法、行为、动机等,赋予合乎情理的解释,以及勉强能被接受的理由,以掩饰的方式重新诠释,借由自欺的行为自圆

其说,使其能说服自己或被他人接受,以获得安慰。这是面对挫折的一种常见的应对方式。即当个体达不到追求目标时,为避免或减轻因挫折而产生的焦虑、痛苦,并维护自尊等,总是从外部寻找某种理由对自己的行为给予"合理"的解释。做"合理化"的解释是为了缓解压力,达到心理暂时的平衡,但作为一名学生,不能因为满足这一虚幻的理由,而耽误了自己的进步和提高。

5. 转移注意力

受到挫折以后,心理一定不好受,但是愈想它就愈难受,这时,进行注意力转移是一种有效的策略,如通过搞体育运动、和朋友聊聊天、看场电影或看书等方式转移注意力。

6. 寻求支持,分担痛苦,汲取力量

遇到挫折时,应学会倾诉和寻求帮助。这并非是软弱和无能的表现,没有必要怕遭人讥笑,因为它是一种情感的疏泄和痛苦的分担过程。在这一过程中,你有可能会得到他人的帮助,从而摆脱挫折困境,即所谓"当局者迷,旁观者清"。学生在求职受到挫折后,积极寻求社会支持,有利于汲取社会的力量,在他人、群体或组织的支持和引导下,改善心态,调整行为,缓解挫折感,摆脱由挫折引发的烦恼和痛苦。

7. 转变看问题的角度

当挫折既成事实,沮丧、痛苦都于事无补时,学生可以苦中找乐,树立自己乐观向上的信念。转变看待问题的角度,方可能出现柳暗花明的新局面,重新找到希望。

小故事

日本有一个 23 岁的小伙子,赤手空拳和同伴们一起到东京闯天下。到了东京后,他们惊讶地发现,人们在水龙头上接凉水喝都必须付钱。同伴们失望地叹息道:"天哪! 这个鬼地方连喝冷水都要钱,简直没法待下去了。"言罢,都纷纷返回家乡了。

这个小伙子也看到了这幕情景,但他却想:"这地方连冷水都能够卖钱,一定是挣钱的好地方!"于是,他留在东京,开始了创业生涯。后来,他成为日本著名的水泥大王,他的名字叫浅田一郎。

浅田一郎的成功给我们的启发是深刻的:面对同样的情况,他与常人的看法和做法却大相径庭,他用积极的心态看到了隐藏的商机,并因此逐渐走向成功。在做择业决断的时候,我们也应该用积极的心态从多个角度看问题。

思考题

1. 影响就业心理的因素有哪些? 准确的就业心理定位有哪些积极作用?

2. 在就业过程中需要哪些心理准备和意识?

3. 结合自身求职经历,谈谈在就业过程中需要进行哪些心理调适,应该选择怎样的方法。

第五章　初涉职场

| 教学目的和要求 |

　　要求学生重点掌握适应岗位、适应领导、融入团队、度过磨合期的一般方法，并根据自己的具体情况加以运用；了解和借鉴他人进入职场的成功经验，从而让自己尽快适应岗位和领导，完全融入新团队，顺利度过磨合期。

　　俗话说："职场如战场。"随着社会的不断发展，科技的不断进步，人与人之间在职场上的竞争也越来越激烈。在竞争中，有些人适应了社会，成了成功人士，有些人则被社会所淘汰。作为即将踏入职场的一员，职校学生如何适应职场至关重要。

第一节　适应岗位

　　从"象牙塔"到职场，每个新人都逃不过一个适应期。而新人在初上岗位时，最容易出现的状况就是：很多时候太学生气，无法快速适应工作环境，无法快速做到角色转换。殊不知，当你踏上工作岗位的那一刻起，你就已经走上了社会这个大舞台，拥有了新的身份，而这个新的身份要求我们必须尽快地去适应这个新的环境。

一、适应岗位的一般方法

　　适应是指生物种群经过自然选择后，在生理或行为等层面得到适合在特定环境生存的特征。心理学家沃尔曼认为，适应是"一种与环境融洽和谐的关系，包括满足一个人的绝大多数需要，并且拥有符合要求所必需的行为变化，以便一个人能与环境建立起一种融洽和谐的关系"。人与环境（自然环境和心理环境）之间如果能够保持协调、平稳的状态，便可称为适应，或者为了形成这种良好的状态，人与环境之间相互调整的过程也可定义为适应。

> 议一议：
> 初入职场，我们应该从哪些方面去积极地适应新的工作环境？

　　适应分为积极适应和消极适应。积极适应是一种健康的适应，它有两种含义：一是改变自己以顺应环境或顺应环境中的某些变革；二是不断地抗争和选择，从一个目标走向另一个目标，这是发展性适应。消极适应是一种不健康的适应，它以牺牲个体的发展为代价，甚至会导致某些不同程度的心理问题或疾病。职校学生进入职场时，应该保持积极心态，快速熟悉工作环境，积极适应工作岗位。

小故事

　　有两个乡下人外出谋生，一个人准备去 A 城市，一个人打算去 B 城市。可在火车站等车时，听别人议论：A 城市人精明，外地人问路都收费；B 城市人质朴，见吃不上饭的人，不仅给馒头,还送旧衣服。

要去 A 城市的人想,还是 B 城市好,挣不到钱也饿不死。要去 B 城市的人想,还是 A 城市好,给人带路都能挣钱,还有什么不能挣钱的呢?我幸亏还没上车,不然真失去了一次致富的机会。于是,他们因为退票而在退票处相遇,正好相互换了票。

去了 B 城市的人发现,B 城市果然好。他初到的一个月内什么都没干,竟没有饿着。不仅可以在银行大厅里白喝纯净水,还经常能在大商场里品尝到免费甜点。

到了 A 城市的人发现,A 城市果然是个可以发财的城市。干什么都可以赚钱,带路能赚钱、开厕所能赚钱、弄盆凉水让人洗脸也能赚钱,只要想点办法,再花点力气都可以赚钱。他凭着乡下人对泥土的熟悉,跑到郊区装了 10 包含有沙子和树叶的腐土,以"花盆土"的名义,向 A 城市人兜售,起初每天在城郊间往返 6 次,可净赚 350 元钱。一年后,凭"花盆土",他竟然在 A 城市有了一间小小的门面。后来,他又有了一个新发现:一些商店楼面亮丽,但招牌较脏。一打听,才知道是清洗公司只负责洗楼而不清洗招牌的结果。他立刻抓住这一机会,买了人字梯、水桶和抹布,办起了一个小型清洁公司,专门负责擦洗招牌。如今,他的公司已有 150 多名员工,业务也由 A 城市发展到了其他城市。

前不久,他坐火车去 B 城市考察清洁市场。在 B 城市的火车站,一个捡破烂的人把头伸进软卧车厢,向他要一个啤酒瓶,就在递瓶时,两个人都愣住了,因为 5 年前,他们曾经换过一次票。

这两个人的命运,说明了一个人生哲理:积极的适应与消极的适应会使人们认识事物的角度不同,对待同一问题的抉择方式产生差异,从而导致不同的结果。

(一)心理适应

心理适应主要指各种个性特征互相配合,适应周围环境的能力。一个人能否尽快地适应新环境,能否处理好复杂、重大或危急的特殊情况,与他的心理适应性高低有直接的关系。

从学校到职场,从学习到工作,当我们进入社会时,我们的角色发生了很大转变。我们从一个责任的被动接受者转变成了责任的主动提供者,从"要"转变成了"给",从"索取"转变成了"贡献"。这些转变,要求我们必须主动地从心理上去适应。

心理适应的关键是发挥自身健康的心理机能,进而提高自己的整体协作意识、独立工作意识、创造意识。

一般来说,新人刚踏入职场时,都是从基层做起的。俗话说"良好的开端是成功的一半",而这个开端就是要学会心理适应,学会适应艰苦、紧张而又有节奏的基层工作。当你缺少基层生活经历,可能不习惯一些制度和做法时,千万不要用你的习惯去改变环境,而要学会入乡随俗,适应新的环境。你要尽快适应企业文化和单位环境,避免出现眼高手低的现象,从细节抓起,从小事做起。在这个阶段,培养你的整体协作意识、独立工作意识和创造意识。

首先,做事要有自信。在刚开始的时候,你可能会做错很多事,这会导致你信心不足。但只要你能够吸取教训,在同事、前辈们的帮助下,经过自己的努力,慢慢地,你就能顺利做好本职工作,从而得到领导的认可、同事的赞许,自信心自然而然地就形成了。而在这个过程中,你的整体协作意识、独立工作意识也会养成。

其次,做事要有耐性。刚进入新岗位工作,由于对工作不熟悉,工作起来难免难度较大,这就需要我们有耐性、不急躁、不厌烦,在工作中磨炼自己的意志力,从而形成你的坚持性、自制力和积极的工作态度。在坚持中,通过脚踏实地的工作,自然而然地,你也会成为一个行业的骨干,甚至成为某个方面的专家,同时也能提升你的创造力。

(二)生理适应

生理适应是指通过对机体内生理功能的调节,以适应外界环境的变化对机体需求的增加。生理适应的关键是调整生活规律。

职校学生步入职场，就已经从一个学生转变成了一个社会人，原来的许多生活习惯就都得改变。在学校的时候，喜欢睡懒觉，上课也可能经常迟到，在读书期间，这也许不会带来什么严重的后果。可是，在工作期间，如果你犯懒病、娇病、馋病，可能给你带来非常严重的后果，影响你的发展前途。因此，我们得及时调整自己的生活规律。当然，调整生活规律，并非要求你成为一个机器人，有些事可以自己灵活决定是否调整，这主要取决于你的工作环境与公司文化。

调整生活规律，应从日常生活开始。爱睡懒觉的，应提早上床休息；爱生病的，不妨平时多多锻炼，增强体质；爱吃零食的，一定要分清场合；爱抽烟的，最好戒掉。从点滴做起，尽快适应工作后的生活规律。

（三）职业意识适应

职业意识是人们对职业劳动的认识、评价、情感和态度等心理成分的综合反映，是支配和调控全部职业行为和职业活动的调节器。职业意识由择业意识和就业意识构成。择业意识是指人们对自己希望从事的职业的选择；就业意识是指人们对自己从事的工作和任职角色的看法。

职业意识是一名职业人应具有的主动的职业态度。它要求职业人思想和注意力高度集中在工作中，做到全心全意、精准认真、一丝不苟、深度研究；它要求职业人不为外界因素所影响，主动、习惯、自觉地去完成工作中的每个细节。

职业意识适应的关键是建立和强化职业角色意识。建立和强化职业角色意识，应从下面两个方面着手。

1.增强职业角色意识

初出校门的学生不能适应新的环境，大多与其缺乏职业角色意识有关。他们对新岗位估计不足，认识不切实际，将事情看得简单而理想化，对未来充满憧憬。当他们按照过高的目标去接触现实环境时，许多所谓的"现实所迫"让他们在初入职场时就走了弯路，以致碰了壁还莫名其妙、不知所措。而这一切，都会让初出校门的学生产生一种失落感，从而觉得处处不如意、事事不顺心。

因此，学生在踏上工作岗位后，应根据现实的环境，调整自己的期望值和目标，明确在职场中自己应该扮演的角色，增强自己的职业角色意识，真正了解自己能做什么，该往哪方面发展。

2.科学地规划自己的职业生涯，不要频繁跳槽

一般来说，年轻人对自己的职业生涯规划，大多会呈现两种极端的态度：一种是职业生涯规划目标过于远大，另一种则是完全没有规划。目标过于远大者，要根据现实的环境，调整自己的期望值，不能好高骛远，要脚踏实地根据现实重新规划自己的职业生涯。完全没有规划者，在刚入职场时也应为自己做一个良好的职业生涯规划，从而明确自己的职业目标是什么，在职场中自己应该扮演什么角色，该怎样强化自己的职业角色，该怎样在这个行业里钻研下去，得到较好的发展。

刚入职场的部分新人，由于没有职业角色意识，不能真正了解自己能做什么，该往哪个方面发展，以致频繁跳槽，结果导致自己难以定型，影响职业发展。西门子（中国）有限公司副总裁王伟国，从毕业进入西门子之后就没跳过槽。他说："很多企业喜欢到别的企业去挖人，因为有工作经验。这并不代表频繁跳槽的人都是受欢迎的。德国大学毕业生一般都不

喜欢跳槽。目前中国的状况可能更像美国,一个人如果在一个公司从头做到尾,人家会认为你没有能力。但如果在一个企业做了一年就走,跳槽过于频繁,我们是不会要这种人的,相信很多企业也不会要。"

跳槽勿草率。刚进入职场的新人来到工作单位后,产生的种种失望需要时间来抚慰,这是学生自身适应社会的一部分,不要随意辞职跳槽,要相信是金子就总会发光的,在你发光的时候,也就必将得到重用,这时再考虑跳槽问题,也不算太迟。对于职场新人来说,不管你曾经有多大能力,从走出校门那一刻开始,一切都要从零开始,本着谦虚求教的态度,多干活少说话,把你的想法、创意、抱负融入工作中,用工作业绩证明你的实力,从而获得领导、同事的认可,在这个时候才是你跳槽的最佳时机。

(四)知识技能适应

知识是人类从各个途径获得的、经过提升总结与凝练的、系统的认识,是人类在实践中认识客观世界(包括人类自身)的成果。它包括事实、信息的描述或在教育和实践中获得的技能。技能是个体运用已有的知识和经验,通过练习而形成的、特定的动作方式或智力活动方式。知识是懂得为什么,技能是知道如何做。有知识,可以更高效、更灵活地掌握技能,多一项技能,就多一分能力,有了足够的能力就能适应岗位,做好工作,进而实现自己的人生目标。

知识技能适应的关键是尽快完善职业岗位的智能结构。

刚工作的新人,文凭可能比公司里的一些前辈要高些,但在工作中可能什么都不会。因为在学校的时候,我们注重的是理论知识学习,然而到了职场,更注重的是动手能力和累积的工作经验。因此,刚进入职场的我们,应尽快完善职业岗位的智能结构。完善职业岗位的智能结构,最重要的就是需要我们投入到再学习中,正所谓"活到老,学到老"。岗位需要什么,我们就学什么,从而满足工作对知识技能的需要。

知识链接

智能结构

智能结构是人才群体中具有不同智能优势的人员的比例构成状况。智能是知识、技能和能力诸因素的综合体,反映人的认识(包括观察、记忆、思维、想象)和实践能力。人类社会所取得的每项重大成果,都是诸多智能优势相结合的产物。人才群体由具有不同智能优势的人合理组成,能充分发挥每个人的智能优势,扬长避短,互相补充。智能类型相似、智能水平相当的人一起工作,其群体效能较低。

霍华德·加德纳(Howard Gardner)是哈佛大学的教育学教授,他突破了传统智力理论,提出了人的八大智能结构理论。

1.语言智能,是指用语言思维、表达和欣赏语言深层内涵的能力。作家、诗人、记者、演说家、新闻播音员都显示出高度的语言智能。

2.逻辑—数学智能,是指人能够计算、量化、思考命题和假设,并进行复杂数学运算的能力。科学家、数学家、会计师、工程师和计算机程序设计师都显示出很强的逻辑—数学智能。

3.空间智能,是指人们利用三维空间的方向进行思维的能力,如航海家、飞行员、雕塑家、画家和建筑师所表现的能力。

4.身体—运动智能，是指能巧妙的操纵物体和调整身体的技能。运动员、舞蹈家、外科医生和手艺人都是这方面的例证。

5.音乐智能，是指人敏锐地感知音调、旋律、节奏和音色的能力。具有这种智能的人包括作曲家、指挥家、乐师、音乐评论家、制造乐器者和善于领悟音乐的听众。

6.人际关系智能，是指能够有效地理解别人和与人交往的能力。成功的教师、社会工作者、演员或政治家就是最好的例证。

7.自我认识智能，是指关于建构正确自我知觉的能力，并善于用这种知识计划引导人生。神学家、心理学家和哲学家就是拥有高度的自我认识智能的典型例证。

8.自然观察者智能，是指观察自然界中的各种形态，对物体进行辨认和分类，能够洞察自然或人造系统的能力。学有专长的自然观察者包括农夫、植物学家、猎人、生态学家和园林设计师。

（五）人际关系适应

人际关系是指人们在人际交往过程中结成的心理关系以及心理上的距离。它包括三种成分：认识成分（指相互认识、相互了解），动作成分（指交往动作）和情感成分（指积极情绪或消极情绪，爱或恨，满意或不满意）。其中，情感成分是核心成分。人际关系反映了交往双方需要的满足程度。若交往双方能互相满足对方的需要，就容易结成亲密的人际关系；反之，则容易造成人际关系的排斥。交往双方在个性、态度、情感等方面的融洽或不融洽、相互吸引或相互排斥，必然会导致双方人际关系或亲密或疏远。

人际关系适应的关键是建立和维护良好的人际关系。

进入新的工作岗位，我们会接触到不同的群体，这就需要建立新的人际关系。而刚走上工作岗位的新人，最容易出现的失误是不屑与人接触，这会造成自我孤立，对工作非常不利。我们应放低姿态，谦逊对待每个人，用礼貌赢得他们的好感。无论对领导还是同事，无论喜欢还是讨厌，我们都要彬彬有礼，特别是对待年长的同事，更应如此。因为，他们有很多工作经验值得我们学习。

在单位里，努力工作，适当地表现自己，最大限度地得到领导和同事的认可，是必须的。但在论功行赏时，应该展现一个新人的宽广胸怀，千万不要居功自傲。任何领导都讨厌自己的下属居功自傲，擅作主张，更没有人能忍受自己的下属对自己指手画脚。进入社会，不妨把自己的个性磨得圆滑一点。与学校里单纯的人际关系不同，职场里的人际关系会更复杂，要多看、多听、多做、少说，分析其中的"潜规则"，"入乡随俗"，不要随便"越轨"，不要参与办公室里的是是非非，不要混入任何"办公室帮派"，不要议论和公司有关的任何事情，满意也好，不满意也好，都不要去议论，你只需要把自己应该做的那份工作做好。

拓展阅读

人际交往的30条技巧

人际交往的技巧是一个非常庞杂的话题，我们不妨学习一下以下30条技巧。

1.多给别人鼓励和表扬，尽量避免批评、指责和抱怨，不要强迫别人认错。

2.要学会倾听。不要说得太多，想办法让别人多说。

3.如果你要加入别人的交谈，先要弄清楚别人究竟在说什么。

4.交谈之前尽量保持中立、客观。表明自己的倾向之前，先要弄清楚对方真实的倾向。

5. 注意对方的社交习惯并适当加以模仿。

6. 不要轻易打断、纠正、补充别人的谈话。

7. 别人有困难时,主动帮助,多多鼓励。

8. 不要因为对方是亲朋好友而不注意礼节。

9. 尽可能谈论别人想要的,帮助他怎样去得到他想要的。

10. 始终以微笑待人。

11. 做一个有幽默感的人。但是,在讲笑话的时候,千万不要只顾着自己笑。

12. 做一个脱离低级趣味的人。

13. 跟别人说话的时候,尽量看着对方的眼睛,不管你是在说还是在听。

14. 转移话题要尽量不着痕迹。

15. 要学会聆听对方的弦外之音,也要学会通过弦外之音来委婉地表达自己的意思。

16. 拜访别人一定要事先通知。

17. 不要在别人可能忙于工作或者休息的时候打电话过去,除非是非常紧急的事情。

18. 给别人打电话的时候,先问对方是否方便通话。

19. 一件事情让两个人知道,就不再是秘密。

20. 你在背后说任何人的坏话,迟早有一天会传入这个人的耳朵。

21. 不要说尖酸刻薄的话。

22. 牢记他人的名字。养成偶尔翻看名片簿、电话本的习惯。

23. 尝试着跟你讨厌的人交往。

24. 一定要尊重对方的隐私,不管是朋友还是夫妻。

25. 很多人在一起的时候,当你与其中某个人交谈,请不要无视其他人的存在。

26. 要勇于认错。

27. 以谦逊的姿态面对身边的每个人。

28. 给予他人同情和谅解。

29. 尽可能用"建议"取代"命令"。

30. 不要轻易做出承诺。承诺的事情就一定要尽最大努力做到。

如果真正能够注意并做到以上五种适应,那么,虽然你是职场新人,但是已经能够胜任你的工作岗位,并且会给你的领导和同事留下很好的印象。

二、适应岗位过程中的几点忠告

1. 不要认为停留在心理的舒适区域内是可以原谅的

心理舒适区,是指人们习惯的一些心理模式,是你感到熟悉、驾轻就熟时的心理状态。如果人们的行为超出了这些模式,就会感到不安全、焦虑,甚至恐惧。

每个人都有一个心理的舒适区域。人在这个区域内是很自我的,不愿意被打扰,不愿意和陌生的面孔交谈,不愿意被人指责,不愿意按照规定的时限做事,不愿意主动地去关心别人,不愿意去思考别人还有什么没有想到的。在学生时代,这是很容易被理解的,有时候,这样的同学还跟"冷酷""个性"这些字眼沾边,算作是褒义。然而,在工作之后,由于我们设定了新的目标,就必须要离开原有的舒适区,必须挑战原有的能力结构、资源范围、智力水平和知识水平,这也就意味着要构建新的舒适区。不离开原有的舒适区,你的内心会从原本熟悉、舒适的区域进入到紧张、担忧甚至恐惧的压力区,你就不可能达到新的目标。离开了舒适区会感到不舒服,如果你能很快打破之前学生期所处的舒适区,比别人更快地处理好业务、人际和心态之间的关系,那你就能很快地脱颖而出了。

2.不要认为理论上可以实施就大功告成了

有些事情从理论上看是可以实施的,但理论也需要实践去检验、去论证,不要认为理论上可以实施就大功告成了。有时候,我们的计划看似做得很完美,但真正实施时才发现计划往往还有很多漏洞,如果不亲自实践,做计划的人早晚会被实施计划的人鄙视。我们永远需要提升自己办实事的能力,而不是空谈。

3.不要让别人等你

在任何情况下,都不要让别人放下手头的工作来等你。你在做一个工作的同时,要知道别人的进度,并且永远不要落后。这不像考试,你比别人做得慢,别人可以先交卷,到时间了,你做不完,你自己承受扣分。在工作中,这是一场没有人能做完的考试,所有人都分配做一张试卷的不同部分,有的人分到的是"阅读理解",有的人分到的是"完形填空"等,如果别人都把各自的部分做完了,而你却还没有做完,那么,做得快的人会开始做你的那部分题目,慢慢地,大家会发现你的工作完全可以由别人来代替,整个团队中可以不需要你,这时候,你已经没有价值了。

4.不要认为细节不重要

"细节决定成败。"决定一件事情成败的关键往往不仅在于大趋势和方向,还在于容易被忽略的细节。越是不起眼的细节,越难被人重视,但它却时常成了最终影响事情成败的至关重要的因素。

在学校里,做事往往粗枝大叶,差不多就行了。相反,在企业里,管理的精髓就在于将简单的事情做到极致。一个慌忙寻找螺丝钉的动作就很有可能丧失你晋升车间主管的机会。其实,一个公司的管理,需要的并不是把很难的事情做到90%,比如,优化管理层的核心工作流程,改变公司在当地政府面前的形象,提高产品质量,改善工作环境等;而是把每个简单的事情做到100%,比如,把公司每个人的档案都按照一定的规律整齐地存放起来,在门卫设立一个外来人员的签到台,把会议室多余的椅子拿走,和电视台讲好下个礼拜三来公司做采访,把试用装送到客户手里,在生产的咖啡袋上加一个单向阀,给下一期的封面人物拍照等。如果你能把所有细节的问题都一一落实,那你才有升职的本钱。

5.不要仅因为你所做的事情不是你的兴趣所在就表现得消极

兴趣也称"爱好",是个人力求接近、探索某种事物或从事某种活动的态度和倾向,是个性倾向性的一种表现形式。兴趣在人的心理行为中具有重要作用,一个人对某事物感兴趣时,便对它产生特别的注意,对该事物观察敏锐、记忆牢固、思维活跃、情感深厚。

很显然,在学生时代,当作自己喜欢的事情的时候,我们会付出200%的精力去做,但如果是枯燥的事情,我们便懒得去理睬,一般都是应付了事。但在工作中,你所做的80%的事情都是烦琐而看似机械的,如果仅仅为此而表现得闷闷不乐,那么,你不会在工作中有长足的进步。

学会喜欢自己的工作,并把注意力放在日常工作能学到些什么上去。如果现在你一味地抱怨工作,那么接下来你就要努力地寻找工作。尽量少用"有趣""好奇"之类的词语来描述自己想要的工作,而应用"充实""有成就感""乐意"之类的词语来描述。

想想以下职位,你会发现很多工作并不是在你很感兴趣的状态下,让你去做很有趣的事情。

(1)高速公路收费口的收费员:整天都面对同一个小窗口,把一张卡片送出去、收回来。

(2)学校食堂厨师:每天都在烧菜做饭。

（3）作家：交稿期要到了，我还在孕育灵感，两个星期没吃早饭了。

（4）外科医生：刚刚睡着，马上叫我做一个 3 小时的手术，这样的情况至少一周一次。

（5）公交司机：我开车不用你指挥，这条线路我开了三年了。

千万不要想着去选择一个有趣的职业，因为几乎不存在那样的工作。

6.不要把改善工作能力仅寄托在企业的集体培训上

对于企业来说，培训能够推动其进步和发展；对于员工来说，培训可以提升个人的工作能力。只有员工具备更加强有力的技能，才能为企业的发展添砖加瓦。因此，不仅企业开始重视培训，对于职场人来说，大多数人也越来越期待企业的培训。然而，培训并不是灵丹妙药，不要把所有的希望都寄托在培训上。人绝对不可能经过一次培训就脱胎换骨。相反，集体培训中学到的东西，往往是自己最用不上的，就像食堂烧大锅菜一样，总没有你最想吃的菜。

不要把参加培训和达到效果画上等号。不要期望单靠听课，单靠教师把同样的东西教给所有人，你得到的会比别人更多。要把更多的心思放在观察和思考自己的需要上，找到问题的所在，再通过观察和实践得到答案，这才是真正有用的知识。

7.不要推卸责任

责任是一种职责和义务。它伴随着人类社会的出现而出现，有社会就有责任。责任产生于社会关系中的相互承诺。在社会的舞台上，每种角色往往意味着一种责任，当我们在承担一项责任的时候，要付出一定的代价，但也意味着获得回报。

想一想：你的哪些行为是在推卸责任呢?

在工作中，我们往往会犯错误，当面对错误时，千万不要推卸责任。推卸责任是害怕的条件反射。经常推卸责任会被领导怀疑你的能力和忠诚度，对你的职业发展非常不利。

第二节　适应领导

在一个团队中，领导和被领导是一个双向互动的过程，在这个互动过程中，领导处于主导地位，下属处于从属地位。因此，作为员工的我们应该主动去适应领导，而不是让领导来适应我们。

一、适应领导的一般方法

1.做好本职工作

做好工作是对领导的最大支持，不仅可以让领导了解你的能力，而且还可以加深领导对你的信任。工作出色，领导心中自然会有定论，关系也就容易建立起来。工作不到位，自然没办法取得领导的信任与器重。

另外，在工作中，我们也应该注意一些细节。例如，上班早来几分钟，下班迟走几分钟，尽量不要比你的上司晚上班、早下班；不要随便请假，要尽可能少请；在预定的时间内完成工作，一项工作自始至终必须按照预定的时间安排，在规定的时间内将其完成，绝不可借故拖延，最好能提前完成。

议一议：怎样才能更好地适应领导?

2. 多接触、多了解领导

在工作中,多接触领导,多从侧面关注领导的信息,多了解领导的工作风格,做到心中有数,有利于日后工作的开展。不适应的时候,要从自身找原因,进行自我调节,因为多数领导是不会迁就下属的工作效率和状态的。从理论上讲,无论领导还是下属,适应都是相互的,但在实际工作中,这一点是很难实现的。现实一点的做法就是:下属去配合领导的意图进行工作。

3. 多与领导进行交流和沟通,达到思想上的统一、感情上的亲近

多与领导交流和沟通,有利于领会领导工作安排上的意图,有利于工作的开展。对于与领导意见相左的部分,可以求同存异,把与领导意见相近的部分拿出来和领导讨论分析,即使不能被采纳,也可以让领导了解自己的思路和工作积极性,这是比较积极的做法。

每个领导的行事风格一定会有所差异,但既然能做到领导这个位置上来,就一定具有高于别人的工作能力,因此,下属应该在适应领导的同时,多多学习领导身上的优点,借以提升自己。很多时候,领导就是一名导师,在带领一个团队工作的同时,也在教导每个成员,只有用心的人才能真正从中有所悟,有所学,有所感。

拓展阅读

适应新上任领导的五个诀窍

1. 提供信息

领导到底缺的是什么? 其实,领导缺的不是方法,缺的是基本的信息,缺的是做决策的依据。所以,多向领导,尤其是新上任的领导提供第一线的信息,才是对这个领导最大的帮助。因为,新上任的领导要熟悉情况才能开展工作。你主动向他提供信息,一定会给他留下比较深刻的印象,他才能记住你,才会提拔你。

2. 主动请缨

初来乍到,新上任的领导往往对工作的安排无从下手。所以,你要主动地去请缨,主动去找领导毛遂自荐。这既是对领导的一种支持,也是对自己能力的一种历练,如果天天这样做,你定会成功。

3. 梳理工作

大家不要觉得领导对工作特别清楚,有时候,要学会帮助自己的领导梳理应该做的事。同时,要把这样的思维方式传递给自己的领导,这才是对他真正的支持。

4. 习惯一致

你的习惯和领导的习惯要大致一致。比如,领导通常来得比较早,你也要养成早来的习惯;领导走得比较晚,你也要养成加班的习惯。这一点,很多人不容易做到。

5. 一心不二

一心不能二用,做事不能三心二意,选择了之后,要坚定不移地往前走。如果不脚踏实地地去做,任何方法和技巧都不管用,所有的方法和技巧,都是在你亲自去做的过程中才能够灵活运用的。

二、适应领导的几点忠告

(一)执行工作任务时需要注意以下几个要点

1. 上司指示的事务中,有些是不需要立刻完成的,这时,你应该从重要的事情着手做,并将工作程序记录下来，以免遗忘。

2. 若无法暂停正在进行的工作以完成上司临时交代的事情时，应该立即向上司提出，以免误事。

3. 未充分了解上司所交代的事情前，一定要问清楚，然后再进行，绝不可自作主张。

4. 外出办事时，应负起责任，迅速完成，不可借机办私事。

（二）待人接物不卑不亢

在与人交往的过程中，我们应该做到既不低声下气，也不骄傲到目中无人，做事要有分寸，不卑不亢。在对人的态度上，不要因为对方的身份低贱，就趾高气扬；也不要因为对方的身份高贵，就低声下气。在工作中，无论对领导还是对同事，无论对喜欢的人还是讨厌的人，都要彬彬有礼、一视同仁。

（三）工作时间内避免闲聊

工作中的闲聊，不但误事，而且会给同事留下你无所事事的印象，尤其是领导看到你与别人闲聊，更会破坏对你的印象。所以，在工作时，不要闲聊。

拓展阅读

如何避免和摆脱同事中无意义的闲聊

在工作中，难免会有一些闲聊影响甚至干扰你，这需要你学会避免和摆脱。想避免和摆脱同事中无意义的闲聊，可以尝试下面几种方法。

1. 避免在繁忙中打扰

当你正在匆忙工作或细心设计某个东西时，肯定不希望被他人打扰，特别是不希望被闲聊打扰。若同事主动与你讨论如电视剧、球赛、衣服穿着或饮食等话题，你的回答最好简明扼要，以便尽快结束谈话。

2. 站起来打招呼

当你正忙着的时候，有同事来找你，你可以快速地站起来和他打招呼，一来尊重别人，二来因为你保持站立姿态，或者手中拿着笔、尺等文具，相当于告诉他"我正忙着呢"。懂事的人能领会你的意思，谈完即走；若对方仍没意识到这一点，你就不妨直言相告："嗯，我想，我们下次再特意抽时间谈吧。"这样做，依然不失礼貌。

3. 避免外貌、动作引人注目

不要看着窗外想问题，这样容易使人误以为你在走神、思想开小差，招惹人闲聊。不要用手拍打桌面或哼小曲，这样也可能引起别人对你的注意。明知有人想与你闲聊，尤其是话痨走近了，你可以不抬头，只顾做你本来正在做的事，表示你正忙得很，同时也不引人注目。

4. 事先声明提示

许多学者、专家为节约时间，避免来访者过多的谈话，都会在工作的地方贴张便条，上面写明"谈论请调控在10分钟内"，让明眼人一看便知，起到"此时无声胜有声"的作用。工作中，若你认为这样做有点奇怪，也可以向周围的同事进行说明。例如，当大家谈话时间过长时，可善意提示："你的事忙完了吗？"这相当于委婉地提示同事应尽快结束闲聊；如果对关系不错的同事，则完全可以直言相告："哎呀，真对不起了，我有些事要做呢，我们下次再谈，好吗？"若有的同事实在闲得很，东拉西扯，那么，你可以插话，以打断他的话头，说明情况。

（四）做一个"有声音的人"，才能引起领导的注意

应在适当的场合展示自己，只有这样，才能引起领导的注意。会议发言是展现能力和才

华的大好时机,怎样才能发好言呢?

1.选好发言的时机

如果你有独到的见解而且能高人一筹,最好后发言;反之,则要先发言,免得拾人牙慧。

2.同中求变

当别人已经发表了自己的观点,而轮到你发言时却没有什么新观点,你可以来个同中求变,先表示"我很赞同刚才那位同事的意见,但是……"一个转折,变换一下看问题的角度,争取能说出新意,至少可以在别人意见的基础上借题发挥,举些实例加以印证,或作些补充与修正。这样就会显得你思维缜密,而且具有较强的包容力与协调力。

3.独辟蹊径

如果你能发他人之所未发,提出与众不同的新思路、新见解,你就可能脱颖而出,给领导和同事留下特别深刻的印象。

(五)做一个有实力的人

领导在加薪或提拔时,往往不是因为你本职工作做得好,也不是因为你过去的成就,而是觉得你有实力,对他的未来有所帮助。因此,我们要靠自己的打拼和专业特长,成为公司不可或缺的人,这至关重要。当领导交给你一项工作后,你要把它看作是获得表现自己才能的机会,脚踏实地地把工作做到最好。

(六)要多理解领导

从工作管理角度来讲,领导会严格要求下属,有时甚至还会很苛刻。这时候,我们就要学会理解领导,站在领导的角度思考,不能当面顶撞,也不要牢骚满腹,抱怨不断。当然,在遭受挫折与不当待遇时,我们往往会采取消极对抗的态度,希望得到别人的注意与同情,这是一种正常的心理自卫行为。当你牢骚抱怨时,不妨看一看老板定律:第一,老板永远是对的;第二,当老板不对时,请参照第一条。

小故事

苏东坡年及弱冠,参加宋仁宗"制科"殿试,名列第一,受到皇帝青睐,二十四岁,以京官大理评事的身份出任凤翔签判。到凤翔半年,碰到新太守陈希亮。陈既是苏轼妻子的老乡,也是苏轼父亲的旧交,按常理该照顾苏轼才是,但他却对苏轼严格得不近情理。

苏轼在自己的职权范围内做了几件受到百姓称颂的好事,同事们称他为"苏贤良",但陈希亮却发布命令:谁也不许叫苏轼为苏贤良。有个小吏偷偷叫他苏贤良,结果就被痛打了一顿。二十七岁的苏轼当时很不理解,认为皇帝都对他很客气,但这个怪老头却压制他,横挑鼻子竖挑眼,生怕他的才干盖过太守的政绩。

苏轼有个好妻子,曾代他去给知府送缺席中秋例行宴会的罚金,回来告诉苏轼:"老太守是个好人,他对你的严厉也许是故意的。"但苏轼却听不进,在凤翔两年,始终跟陈希亮拧着。

直到多年以后,苏轼有了不少官场体验,慢慢回忆老太守,才知道当年陈希亮是为了砥砺自己。因为自己天性豪放,不经磨砺,不受挫折,难以修炼成博大襟怀!

苏轼后来曾在《陈公弼传》中写道:"轼官于凤翔,实从公二年。方是时年少气盛,愚不更事,屡与公争议,形于言色,已而悔之……"这是苏轼对自己过去年少轻狂的检讨和反思,也是对过去严格要求自己的领导的感恩和理解。陈希亮当年也确实是为了砥砺苏轼,他曾说:

"我视苏明允，犹子也；轼，犹孙子也。平日故不以辞色假之者，以其年少暴得大名，惧夫满而不胜也，乃不吾乐耶！"

尽管苏轼当时不能理解他的领导，但他能在事隔多年后理解领导，正是他明智、聪颖和异于常人之处。

所以，领导对下属要求严格，其实是对下属真正的负责，是对下属真正的关心。因为人都是有惰性的，也容易受到各种诱惑。只有严格要求，才能让下属有所进步和有所成就；只有严格要求，才能让下属少出纰漏、少犯错误。

（七）做事果断，雷厉风行，不拖延

在学校里，有些人喜欢在学习和玩耍之间先选择后者，等到最后时刻，才一次性赶工，把考试要复习的东西突击完成。但是，请不要在工作中养成这样的习惯，因为工作是永远做不完的，容不得你突击。当你在徘徊和彷徨如何实施的时候，你的领导有可能已经看不下去，自己去做了，这是一个危险的信号。

当你徘徊不前、手足无措的时候，你要意识到你正在拖延工作。工作的时候，需要一种起码的自信，不管下一步是什么状况，你都应有能力把它引导到你所需要的那个方向上去。告诉自己，不要想太多，如果不知道，就赶快求助或想办法。苦恼和忧虑会给你更多的压力，也会把剩下的时间蚕食殆尽。

不要把"好像""大概""晚些时候""或者""说不定"之类的词放在嘴边，尤其是和上级谈论工作的时候。领导十分痛恨听到的一句话是"我晚些时候会把这个文件发给所有的人"，因为，这往往预示着领导必须时刻提醒你不要忘记。

（八）不要斤斤计较

在职场中，最容易计较的就是加班。领导在安排工作的时候，常常安排新员工加班。而对于一些新员工而言，双休日恰好是他们聚会、购物、料理家务的大好时机，往往在周一就已经安排好了。一旦在周五被临时通知周末加班，就会有失落感，有的人甚至产生抵触情绪。如果我们不去加班，就会对我们的发展产生不利影响，所以当得到周末加班通知时，我们可以理解为加班是得到了工作机会，用积极的心态去工作，带着感恩之心去面对。

此外，不要过于计较他人的点评和误解。在工作中，很多员工，特别是年轻女性更计较自己的信任度。有些心理承受力比较弱的人，因为一个善意的批评，也许就变成了一只咆哮的狮子，认为丢了面子，没有了发展前途。其实，这是自我意识过强的表现。在工作中，每个人都会犯错误，尤其是新人，由于业务不熟练，社会阅历比较少，常常比一般人更容易出错。而且，许多新员工常常都有这样的感觉：越担心出错，越错误不断。所以，坦然面对自己的错误，勇于承担责任，诚恳地向老同事和领导请教，把坏事当成好事，千万不要太过计较。反之，如果总是计较，没完没了地推脱责任，千方百计地找客观原因，就会给人留下不成熟和难以承担重任的印象。

小故事

某部门有两个员工，业务能力都很强，员工 A 性格泼辣，工作大胆，员工 B 细腻认真。部门准备从二人中提拔一个，领导比来比去，难以取舍。有一天，员工 B 写了一个假条，上面写着：请假一天，由于某天替班 1 小时，某天替班 0.5 小时……合计实际请假 3.5 小时。领导慷慨给了一天假，但是提拔的结果也出来了：员工 B 出局。知道为什么吗？员工 B 对工作太计较了。

第三节 融入团队

团队是由员工和管理层组成的一个共同体,它合理地利用每个成员的知识和技能协同工作,解决问题,达到共同的目标。在完成工作目标的过程中,单靠个人的力量是不行的,需要每个人通力合作,共同完成。因此,职校学生进入职场后,必须快速融入新团队。

一、融入团队的重要性

1.融入团队是社会发展的需要

生产的社会化使整个社会生产过程分解为若干道相互依赖、相互制约的生产工序,这种分工使得每个劳动者只能相对熟练地从事某个工序的生产,而对其他工序却不熟练。因此,整个生产过程的进行,光靠哪一个人都是无法完成的,必须依靠所有成员的通力合作。

2.融入团队是事业成功的基础,是立于不败之地的重要保证

团结合作不只是一种解决问题的方法,还是一种道德品质,它体现了人们的集体智慧,是现代社会生活中不可或缺的一环。一个人要想成就事业,团队的力量非常重要。汉高祖刘邦平定天下以后,设宴款待群臣时说,运筹帷幄,决胜千里之外,他不如张良;治国、爱民和用兵,他不及萧何;统帅百万大军,百战百胜,他不及韩信。但是,他懂得与这三位天下人杰合作,所以能得到天下。反观项羽,连唯一的贤臣范增都团结不了,这才是他失败的原因。

3.融入团队能增强自信、激发斗志

在日常生活中,自卑的人往往表现得拘谨、胆怯、卑微、苟且,内心充满着无力感;而自信的人,生命中充满了希望,从容淡定中流露着积极进取的精神,宁静安详里洋溢着身心和谐的力量,身处逆境也能不屈不挠、开拓进取。那么,自信从哪里来呢? 那就是要积极寻找机会,快速地融入团体里去做事,在做事的过程中展示自我,提高自己做事的能力。对于自己取得的成绩,不但自己积极肯定,同时也会得到团队成员的肯定,在肯定自我成绩的同时,自我价值感就会上升,从而也就增强了自信。

根据马斯洛的需要层次理论,新进入职场的员工只有积极归属团体,利用领导真诚的鼓励、师傅的积极关注、同事的热情帮助、团队合理的激励机制,才能形成你追我赶的精神,从而激发其斗志。在积极向上的团队中,积极向上的气氛会被内化为自己的信念,进而迸发出奋进的动力。在奋进过程中,用知识来丰富自己的头脑,掌握一项熟练的技能,为自己将来的人生事业奠定坚实的基础。

4.融入团队可以弥补个人的不足,有利于个人的成长

当今社会,随着知识经济时代的到来,各种知识、技术不断推陈出新,竞争日趋紧张激烈,社会需求越来越多样化,使人们在工作学习中所面临的情况和环境极其复杂。在很多情况下,单靠个人能力,已很难处理好各种错综复杂的问题或采取切实高效的行动。这就需要人们建立合作团队来处理问题,并进行必要的行动协调,取长补短,开发团队应变能力和持续的创新能力,依靠团队合作的力量创造奇迹。

拓展阅读

天堂与地狱

有一群基督教徒,他们有的做了许多善事,有的却做了许多恶事。百年之后,做善事的教徒就可以进入天堂,而做恶事的教徒就要被打入地狱。有一天,他们与上帝谈论天堂与地

狱的问题。为了惩恶扬善,劝导自己的教徒多做善事,上帝决定带他们到天堂与地狱这两个地方看看,让他们亲身感受天堂的幸福和地狱的痛苦。

上帝应用自己的法力,带着他们先去看地狱。地狱的深处有一个大房间,正好是午餐时间,屋里有一大群人,每人手中都拿着一只两米长的汤匙,围着一大锅肉汤,争先恐后地抢着。可是,因为汤匙太长,他们都无法把肉汤喂到自己的嘴里,每个人都显得非常绝望,脸色看上去非常苍白,骨瘦如柴。教徒们面面相觑,希望自己百年之后,千万不能到地狱来。

上帝看到自己的教徒有所感悟,就带着他们来到了天堂。天堂上也有一个大房间,与地狱完全一样。但是,有一点与地狱完全不同,每个人都从容不迫地从锅内盛起肉汤,喂着锅对面的同伴。他们吃得如此高兴,一边吃,一边谈笑风生。他们个个精神焕发,满面红光。

教徒们感悟很深:"原来,天堂里的人会用自己的汤匙喂给别人,而地狱里的人不会这样做。帮助别人就是帮助自己,人多做善事一定会有好报。"其实,天堂就是团队合作的结果。

5.融入团队便于集思广益,有助于工作效率的提高

俗语说:"三个臭皮匠,赛个诸葛亮。"在工作中,再高明的人也有他的局限性,他独自作出的决定,往往也不见得就是最准确的、最好的。人多,各有各的经验,各有各擅长的知识领域,思考问题的角度也各不相同,大家一起工作,互相补充和纠正,结果总会比较好,也有利于工作效率的提高。

拓展阅读

蚂蚁精神

一只蚂蚁如果单独放在地面上,它只会毫无目的地乱爬,但当一群蚂蚁聚在一起,情况就完全不同了。它们会建造复杂的蚁穴;会搜寻食物,并通过长途运输把食物带回家;会保护蚁卵;会在蚁穴的通道里培植真菌等。一只蚂蚁可能不会引起你的重视,但你绝不能小视一群蚂蚁。在现代商战中,团队精神将决定企业的兴衰成败。

二、如何融入新团队

每个人都有机会加入新的工作团队,比如说从学校毕业后进入职场,或是从一个单位应聘到新的单位,又或是在公司得到调动、晋升等。面对陌生的环境和新的同事,如何去融入新团队,走出自己的第一步呢?

1.理解公司的企业文化

公司的企业文化通常来源于高层领导者的思想和理念,是经过一定时间的沉淀和提炼而形成的,是企业以其价值观念和管理哲学为核心的思维方式和行为规范,是理念形态文化、制度形态文化和行为形态文化的复合体,是一个企业的共同价值观。

公司的企业文化除了在宣传资料中(如橱窗宣传、内部刊物、公司培训、规章制度等)可以表现出来外,还可以让人感受出来;除了视觉上可以注意到的,还可以从一些日常行为中表现出来。

理解公司的企业文化,是我们刚进入职场的新人首先应该做到的。到了一个新的公司,如果你不了解这个公司的企业文化,不了解这个公司所倡导的价值观,或者你对公司的企业文化不认同,那你就会显得格格不入。即使你能力很强,可以做出杰出的业绩,但因为你不认同公司的价值观和行为模式,就会受到排斥。

可以说,你在一家公司工作得是否开心,将主要取决于你个

议一议:
怎样才能快速地融入新的团队?

人的信仰和价值观与公司文化的磨合程度。如果公司所倡导的正是你所认同的,你就会做得很开心;如果你个人的信仰和价值观与公司所倡导的相违背,你就会觉得很累,那么很遗憾地告诉你,你不太适合这里,要么是你改变自己,要么只能选择离开。

2. 领会公司的规章制度

国有国法,厂有厂规。一般来说,我们都会在公司成文的制度上了解公司的规章制度,但在实际工作中,更需要我们对规章制度有所领会。比如,哪些规章制度正被严格执行着,有多少制度对自己来说比较难以做到等。

每个公司,都不同程度地存在着一些潜在的规则,这些规则虽然没有形成文字写在规章制度上,但它发挥的作用却是不可低估的,如果我们不在意的话,会使我们在今后的工作中碰钉子,并且永远意识不到自己在犯错误。比如,你的上司安排你去开展一项工

作,你完成的效果还不错,但就是没有及时向上司汇报,当上司追问的时候,你才跟他说,由于你缺少了最重要的一环,结果也不会完美,工作也不会得到肯定。有时候,工作结束后及时汇报就是一个不成文的规定。

3. 尽快与同事融合,别走进小圈子,而忽略了大团队

走进新公司,因为都是新同事,很容易成为好朋友,什么事情都一起做,容易忽略了周围的同事,无法融入别人的圈子。所以,我们要多跟周围所有的同事打交道,并力所能及地帮助他人;多参加集体活动,别总找借口逃避。这是让大家认识你,和你交朋友的重要途径。

4. 礼多人不怪

清代的李宝嘉在《官场现形记》第三十一回中写道:"横竖'礼多人不怪',多作两个揖算得什么!"意思是对别人多行礼仪,别人不会怪罪你。可见,与人交往,礼节还是不可欠缺的。在与同事的交往中,我们应多学习一些社交礼仪常识,多注重社交礼仪。知礼懂礼,不仅可以消减你在交际场上的胆怯与害羞,给你增添更多的信心和勇气,更重要的是,它还有助于你从对方那里获取"丰富的信息",有益于信息交流,适应现代信息社会的需要。

5. 要多吃一点亏

吃亏是福。别人不愿意值班,你却很乐意给别人顶班;别人有什么事,你也很高兴地去帮忙。表面来看,你吃亏了。但也就是在你吃亏的时候,你用最短的时间掌握了本岗位甚至高一级岗位的知识和技能,为以后的发展奠定了基础,同时,你又获得了同事的欢迎和认可。一举多得,何乐而不为呢!

小故事

在一座雄伟的雪山上,住着一只十分奇怪的鸟儿。说它奇怪,是因为它比其他鸟多了一个头。

一个头经常能吃到甜美的果子,而另一个头从来就不曾尝过新鲜果子的滋味,而那些烂的、坏的果子,却是它每天的食物。

一个阳光明媚的午后,这只鸟儿又飞出树林去觅食。和以往一样,常吃到新鲜果子的那个头快乐地品尝着新鲜果子,而另一个头又要饱受苦涩的折磨。这时,没有尝过新鲜果子的这个头,生起嫉妒之心,不停地嘀咕着:"太不公平了。为什么每次都让我吃坏果子、烂果子,

好吃的东西从来没有我的份儿。既然这样,还不如吃个有毒的果子,让你以后享受不到鲜果的甜美。"

另一个头听了伙伴的唠叨后,安慰道:"老弟,何必为此而耿耿于怀呢?虽然我吃了好果子,可是,那些营养成分最终还是咱们一起吸收啊?"听完同伴的解释后,没有吃过鲜美果子的那个头,更觉得委屈,不但没有放弃吞食毒果的念头,意识反而更加坚定了。结果,一命呜呼,不要说新鲜果子,就连烂果、坏果都吃不到了。

现实生活中,像这样的事情,又何止一件两件。大多数人都想占便宜,没有人愿意充当那个甘愿吃亏的角色,最终既影响了别人又影响了自己。

6.凡事要积极主动

每个岗位都有自己的岗位职责。在本职岗位上,我们应该充分发挥自己的特长,努力把本职工作做好,不能等领导安排了才去做。有时候,领导会安排我们去做另外的一些工作,我们不能只完成领导安排的这些工作,还应充分发挥自己的主观能动性,把与领导安排的这些工作有关的事情也完成,把工作做得更完美。另外,我们还可以想一想:除了本职工作外,还有哪些事情是我们能够做到的,还有哪些事情是需要我们积极主动地参与的。

7.要适当表达自己的想法,多沟通,多交流

有些员工,本身的能力不错,对事物也有自己独特的见解,但就是不敢表达自己的想法;有些员工,对一些产品或者制度不是很了解,但就是怯于去问。不表达自己的想法,缺乏沟通,对自己的成长非常不利。

拓展阅读

如何在工作场合有效表达自己的想法

1.把焦点放在你希望看到的结果上。

2.写下你想表达的关键信息。这个信息必须具有吸引力而且简洁。

3.在有限的时间内,说太多且没有重点的话,不如挑选出精华,让对方短时间内了解重点。

4.内容结构要清晰。对方很难将你的每句话都听进去,有结构的表达方式,会使对方比较容易消化。

5.时刻准备影响对方的情绪。情绪具有传染性,对方会受你的影响,从自己出发,鼓舞对方对你的谈话产生兴趣。

6.表达的方式尽量流畅。如果你使用 PPT 等辅助器材,确定自己知道 PPT 之间的连贯性,应该由你主导谈话思路,而不是以辅助器材为主。

7.尽量和对方进行眼神交流。尽量要让所有听众感觉到你与他们的眼神交流,如果你和对方之间有东西阻碍视线,那就要避开或把东西移开。

8.要变换音量与音调。如果你的语调很平,对方很可能会打瞌睡或无法集中注意力,适时采用变换音量、音调,使用停顿等技法是获取注意力以及强调某一观点的好方法。

9.谈话中要适时微笑。

10.反复练习,纠错提高。

第四节　顺利度过磨合期

磨合期一般是指机械零部件在初期运行中接触、摩擦、咬合的过程，现多用于形容人、事物或组织内部运作的互相熟悉、适应的时间段。一个新人在刚进入职场时，都会有一个了解、熟悉、适应新岗位的时间段，这就是工作磨合期。顺利度过磨合期就等于成功地适应了新的工作岗位。

一、顺利度过磨合期的一般方法

(一)转变观念打基础

想一想：怎样才能顺利度过磨合期?

观念决定思路，思路决定出路。转变观念的目的就是要达到思想和行为方式的统一。新的工作，新的环境，新的使命，新的平台，一切工作对自己来说都体现了一个"新"字，因此，思想观念必须转变。因为，观念不转变，对工作的敏感度就不够，主动执行意识就不强，就不能很好地完成任务。

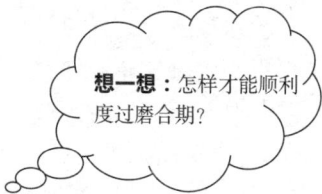

强化以下三种意识是转变观念的基础。

1.学习意识

环境和岗位的变化要求我们，不能用以前的思想观念来思考和对待新的工作，因此，要不断地学习。学习是加强自身理论素养、提高工作能力的根本途径。首先是从书本学习，学理论。学习党的先进理论，学习国家、省、市的政府工作报告，学习地方行政事务工作的基本内容，了解国家的大政方针和地方各级政府经济建设方向；其次是向身边的人学习，学经验。因为工作不等人，时间不待人，没有足够的时间让我们从头慢慢学，只有跨越式发展，才能尽快实现转变。我们身边有从事各个工作的行家里手，并且经验都十分丰富，当工作中遇到困难时，应主动向他人请教，学习他人先进的经验，从而也为自己能把工作干到点子上打下一定的基础。

2.责任意识

认真对待每件事和每项工作，牢固树立为全局负责的思想，保持强烈的事业心和责任感，对工作不推诿，敢接受。只有这样，工作才能做细，任务才不会拖延，不会误事。与其被动接受工作，不如积极作为，主动做好工作。

3.敬业意识

转变是为了适应工作，适应岗位需求。在加快转变的过程中适应工作，需要的是对所从事的工作岗位的热爱。心中要有干一行爱一行的职业意识，努力提高工作的自觉性，特别是在工作多、任务重的时候，更要以工作为重，自觉放弃个人利益，加班加点，高标准地完成各项工作任务。

(二)适应需求定标准

进入职场，我们便有了工作岗位。由于工种、职务、职称和等级等性质的不同，我们所需要去完成的工作内容以及应当承担的责任范围也不尽相同。比如，在一个企业里，办公室就是要做好服务工作，生产部门就是要高质量地完成生产任务。因此，我们进入工作岗位，首先要做的就是尽快地适应工作岗位需求，岗位职责需要怎么做，我们就怎么做，使自己工作不再外行，从而能顺利地完成工作任务。

要适应工作岗位需求，找准工作切入点是关键。对于所做的工作，我们应该知道先从哪儿入手,先解决什么问题,不能眉毛胡子一把抓。也就是说,要找到工作的切入点。当然,工作切入点的选择也要慎重,可以说,工作切入点选择的好坏,决定着你的适应程度。如果我们找到了恰当的工作切入点,工作起来也就轻松自如了。

进入新岗位,我们还应确定一个新的工作标准,根据标准完成工作目标任务。现实工作多而杂,工作无论大小,无论多少,我们都应该对自己高标准、严要求,认真思考每个环节,尽量提高标准,达到自己要求的目标。

(三)提高素质促发展

现代社会的竞争,归根到底是人才的竞争、素质的竞争,要想在职场中立于不败之地,那就要提高自身素质,不断发展,不断进步。怎样才能使自己不断发展、不断进步呢?

一要绷紧危机的弦。工作没有一成不变的东西。因此,作为新人,要在与企业磨合的过程中,时刻绷紧危机的弦,要有一种落后就要挨打的紧迫感,从而让自己时刻清醒地认识自己,把握自己,更好地投入到每天的工作当中去,扎扎实实、勤勤恳恳地做好自己的分内工作,快速地度过磨合期。

二要赶超先进。"早起的鸟儿有虫吃。"作为新人,在与企业磨合的过程中,要勇于寻找自己的发展短板,从而快速地学习,赶超先进,鞭策自己更快地适应与进步。这就要求新人要通过一个脑子、一张嘴巴、两只手、两只脚勤勉工作,通过自己的刻苦与勤奋,让自己充实起来,从而让自己更好地度过磨合期,更快地进入到工作角色当中。

总之,在良好的职业心态与职业素养的指导下,初涉职场的新人基本可以快速地转变自己,实现角色定位;基本可以尽快地从"象牙塔"里那种近似"天马行空"的想象里走出来,与客观实际以及市场接轨。通过突显自己、展示自己,从而缩短磨合期,为今后的职业生涯打下一个良好的发展基础。

二、顺利度过磨合期应注意的事项

职场新人在刚进入职场时,很难一下子改变书生形象。建议职场新人提前注意以下基本事项。

1.注意第一印象

在人际交往中,人们首次留给别人的印象比较鲜明、牢固、深刻,对人的认知过程有非常重要的先入为主的作用。第一印象在人际交往中所具备的定势效应有很大的稳定性,一个人留给他人的第一印象就像深刻的烙印,很难改变。因此,无论是在工作的时候,还是要认识新朋友的时候,你第一次都应向他们展示自己最好的一面。

拓展阅读

怎样才能留给别人良好第一印象

以下是留给别人良好第一印象的五个方法,很管用!

1.控制你说话的方式

你说话的方式决定了你给别人的第一印象!颤抖的声音和平静的语调都不太加分,你应该做的是:把话说清楚,让你的语调听起来坚定而且平稳;不要太大声,因为这无法表达强势,反而显得烦人;说话要礼貌,频繁的脏话不会让别人对你产生兴趣!

2.善用肢体语言

肢体语言看似和第一印象没什么关系,但实际上,人们会在潜意识里理解对方身体发出的所有信息！这就是为什么有时候你不喜欢一个人，即便他没有做错任何事情，你的潜意识会给你这种直觉，感觉他是麻烦人物。

建议：通过正确的姿势和适度用力的握手来透露你的自信和决心，给对方留下良好的第一印象。

3. 找到共同点

有没有想过，我们为什么总是无法和某些人产生情谊？即使我们花了几个小时都无法和他们在一起，而花几分钟却能和其他人一拍即合，这一切都与彼此之间有没有共同点及类似的兴趣有关。我们通常会喜欢和我们至少有点相似的人。因此，如果你想跟某人建立好关系，你必须找到令你们双方都兴奋的东西，但这里的关键在于"慢慢来"。

4. 穿着打扮合理

我们都知道，外在的衣服不代表一个人的全部，然而在创造第一印象时，它们仍然是非常重要的。我们通常会在一场会面中根据自己获得的视觉线索对他人产生印象，而服装就是其中的关键部分。

建议：穿着得体，但仍然拥有自己的品位和风格。穿上让你感觉真实、自信的衣服，好好表现自己吧！

5. 对待他人跟朋友一样

并不是每个人都很外向，能够跟刚认识的人自在交谈。每当身边有新认识的人出现时，有些人会变得很害羞，这不一定是坏事。但是，如果你想给某人留下深刻的印象，试着想象你们俩已经是朋友了，就可以毫不费力地给对方留下绝佳的好印象。

2. 尽快了解公司文化

每个公司都有自己的发展史和企业精神，都有一些成文或不成文的规矩。作为职场新人，平时要抓紧时间，多翻阅公司的一些材料，多注意观察，这样会使你少犯错误，少出纰漏。

3. 尊重同事，虚心求教

把握尊重原则，学会尊重同事。尊重同事，首先应从小事做起。别小看打水、扫地、擦桌子这些小事，通过这些小事，可以看出一个人的人品，同时也体现了对同事的尊重。新人如果扎扎实实地坚持做这些小事，就能很快地融入新的环境，势必也会得到同事对自己的尊重。当有一个新项目或者新机会时，大家都愿意与那些善于做小事的新同事合作。有了合作的机会，才有展示才华的平台。其次，在日常交往中，新员工不要将自己裹在壳子里，应适当地向同事敞开心扉。这也是对同事的一种尊重。比如，在业余时间，大家一起谈论成长经历时，不可避免地要互相了解出生地和毕业学校，如果你想参与到这种愉快的聊天当中，不要对自己的相关信息守口如瓶，尽管你的出生地可能是一个偏僻的小镇，尽管你的毕业学校没有显赫的名声，但这都没有关系，因为在人际沟通中有一个非常重要的对等原则，就是别人对你袒露相关的个人资料，你在接受以后，要尽可能地提供给对方相应的对等信息。

刚到公司，所有的工作对你来说都是陌生的，诸多事情都不知道如何办理。因此，多向同事求教是最快的进步方式。要有一种从零做起的心态，放下架子，尊重同事，不论对方年龄大小，只要比你先来公司，都是你的老师。你只有虚心请教，不断学习，才会有长足的进步和发展。

4. 学会多做事

刚上班，早点儿来，晚点儿走，轻易不要为私事请假。主动做一些诸如打水、扫地、整理内务的工作，这是每个新上岗的人都应做的事情。为其他同事做些辅助性工作，如打印资料、填写简单表格等,既给人留下勤快的印象,又易于融入同事圈中,还能得到大家的帮助和提携。

5.工作要紧张有序

刚开始工作时,往往工作量不大,不能坐在那里发呆,要设法使自己忙起来,比如翻阅有关的文件、档案,搜集整理一些有关的资料等。工作多时,要分清轻重缓急,有序应对,力争高效、高质量地完成。办公桌要保持光亮整洁,文件摆放要井井有条。

6.站位要高,眼光要远

要想在新职位上脱颖而出,你就要跳出部门框架去看问题,从公司领导的角度去考虑那些真正与公司整体业务相关的东西,设想如果你是公司的领导,你会怎么做?因此,你要试着进一步了解公司的组织方针,了解公司内部的组织,知道每个组织所负责的工作。除此之外,你还可以了解公司的经营方针,以及公司的工作方法。一旦你对整个公司有了全面的认识,肯定对你今后的工作大有裨益。

7.努力做好领导交办的每件事

初入职场,对于领导或同事交办的每件事,不管大小,都要尽力克服一切困难,力求在最短的时间内尽善尽美地完成。只有做好每件事,才能获得领导和同事的好感与信任。

8.别被失败挫伤

新手初上工作岗位,难免出现差错,但"失败是成功之母",下次应尽量避免,同时还要不断勉励自己。人都会犯错,这很正常,总结经验教训下次做好就行,不要被失败挫伤。

拓展阅读

林肯的一生

1809年2月12日,出生在寂静的荒野上的一座简陋的小木屋中。

1816年,7岁,全家被赶出居住地,他的父母必须工作以抚养他们。

1818年10月15日,9岁,他敬爱的、年仅35岁的母亲南希·汉克斯不幸去世。

1824年,15岁,开始上学。

1827年,18岁,自己制作了一艘摆渡船。

1831年,22岁,经商失败。

1832年,23岁,竞选州议员,但落选了,想进法学院学法律,但未获入学资格,工作也丢了。

1833年,24岁,向朋友借钱经商,年底破产,接下来花了十几年时间,才把这笔钱还清。

1834年,25岁,再次竞选州议员,当选。

1835年,26岁,订婚后即将结婚时,未婚妻病逝,因此他的心也碎了。

1836年,27岁,精神完全崩溃,卧病在床6个月。

1838年,29岁,努力争取成为州议员的发言人,没有成功。

1840年,31岁,争取成为被选举人,落选了。

1841年,32岁,当选国会议员。

1843年,34岁,参加国会大选,竞选国会议员连任,又落选了。

1846年,37岁,再次参加国会大选,这次当选了!前往华盛顿特区,表现可圈可点。

1848 年,39 岁,寻求国会议员连任,失败了。

1849 年,40 岁,想在自己州内担任土地局长,被拒绝了。

1854 年,45 岁,竞选参议员,落选了。

1856 年,47 岁,在共和党的全国代表大会上争取副总统的提名,又失败了。

1858 年,49 岁,竞选参议员再次失败。

1860 年,51 岁,当选美国第 16 届总统。

1864 年,55 岁,连任美国总统,北方军取得胜利。

9.不要卷入是非漩涡

在单位里,总有一些人喜欢说长道短,评论是非。作为刚到公司的新人,不可能了解事情的来龙去脉,更没有正确分析判断的能力,因此,最好保持沉默,既不参与议论,更不要散布传言,卷入是非漩涡。

刚进入职场时,要少发表个人观点。在一些单位,特别是女员工比较多的单位,大家在业余时间聊天的时候,更容易有意无意地点评不在场的人,此时,新人也不必退避三舍,坐下来听听,是不会给自己惹麻烦的。但要注意的是,千万不要轻易发表自己的观点,更不要将一些信息传给不在场的人。否则,就会卷入是非旋涡,给大家留下"新来的同事怎么这么多是非"的不良印象。因为在大家的潜意识中,即便老员工间有什么矛盾,都比较正常,在长时间的工作中,难免有摩擦。但是对于新人,大家就不会这么宽容了。我们毕竟思维比较简单,阅历又比较浅,应该是一张白纸,如果被过早地画上是非,就会降低自己的信誉度和美誉度。

10.尽快学习业务知识

你必须有足够的业务知识,才能完成上司交代的工作。这些知识与学校所学的有所不同,学校所学的是书本上的知识,而工作所需要的更多是实践经验。

11.要忠诚、负责

忠诚是指对组织的忠诚以及对自己职业的忠诚。当我们选择了一个组织作为事业的起点,我们在这个组织一天,就要努力工作一天,为组织创造价值。

如果你希望得到信任,那么就应该先做一个负责的人。一个成熟的职业人要有强烈的责任感做支撑,对自己的决策和行为负责。干一行专一行,既然选择了这个职业,就要具备强烈的责任心。一份工作刚做几天就觉得没兴趣,或是嫌待遇不好,然后跳槽,这是很不负责任的行为。

12.要培养积极的心态

要培养积极的心态,一是要学会称赞他人。每个人都希望得到他人的欣赏,大多数人会因为某方面受到赞美而更加努力工作。二是要学会微笑。微笑是一种令人愉悦的表情,可帮助你建立良好的人际关系。

❓ 思考题

1.结合自身情况,想一想毕业后怎样去适应新的岗位?

2.进入新岗位后,怎样才能尽快适应领导?

3.想一想融入新团队的重要性及一般方法?

4.怎样才能顺利度过磨合期?

第六章　做企业最喜欢的人

▎**教学目的和要求**▎

　　让学生了解企业最不喜欢的人,引导他们避免在就业过程中成为这样的人;让学生了解企业最喜欢什么样的人,引导他们树立正确的就业观念,并努力做企业最喜欢的人,为学生在企业中有一个好的职业发展奠定基础;让学生了解怎样在工作中点燃激情,为成就精彩人生打下坚实的基础。

　　要成功地进入一家企业,并在企业中得到很好的职业发展,就一定要努力做一个企业最喜欢的人。那么,企业到底最喜欢什么样的人呢?怎样才能成为这样的人呢?

第一节　企业最喜欢什么样的人

一、企业最不喜欢的人

　　谈到企业最喜欢什么样的人,有些人可能会觉得比较宽泛。那么,我们不妨用另一种思维来考虑——企业最不喜欢什么样的人?只要不做企业最不喜欢的人,我们就自然而然地站到了企业可以容纳的人或喜欢的人,甚至是最喜欢的人的行列。

　　一般来说,企业最不喜欢的有三种人:"活死人""害群之马""吸血虫"。

(一)"活死人"

　　"活死人"是指在企业里"混日子"的人。"活死人"的具体表现有以下几个方面。

　　1.无活力,无思想

　　有人抱怨:"刚来的某某财务,工资比我多出两倍有余,还比我小一岁,而我在企业已经做了九年财务。"

　　其实,企业里这样的人很常见,已在企业工作十年八年,但岗位却止步不前,薪资也不如刚跳槽进入企业的新职工,甚至相差甚远。原因无他,他们常年待在企业里,已经失去了活力和动力,就像一台流水车间里面的工作机器。

　　他们不会反思事情的根源,不会承认自己比别人差;他们不会去想企业的发展,不会绞尽脑汁为企业出谋划策。他们的原则是"不求有功,但求无过"。他们像企业的蛀虫,不断蚕食企业的发展,把整个企业搞得毫无活力、死气沉沉。

　　想一想:　一位顾客住进酒店,发现自己的皮鞋后跟掉了,就问酒店的服务员:"附近哪里有修皮鞋的?"服务员说:"不知道。"顾客只好自己出去找,结果发现在酒店旁边就有修皮鞋的。顾客很生气。请同学们想一想:服务员每天在这里进进出出,怎么会看不见呢?

2. 工作消极

仔细观察,你会发现他们都有以下共性:热衷于上班追剧、网上聊天和网购;热衷于八卦、扯皮和埋怨,企业里任何一件小事,都能让他们热火朝天地聊上半天。

他们深谙企业的办事风格,练就了一套熟练的应付技能,哪怕工作上磨磨蹭蹭,也能搪塞过关。一个小时能处理的事情,拖沓两三天也不足为奇,同时还不忘吹嘘自己劳苦功高。

3. 无危机感

有些人在企业工作多年,从来不会担心企业运营不善而倒闭,也不会考虑企业倒闭后自己打算做什么。他们的普遍想法是:"企业不可能倒闭,那么多人怎么可能倒闭? 就算倒闭也不知道是多少年后的事,到那时或许我已经退休了。"而实际上每天都有看似荒谬的企业诞生,也有大量的名企倒闭。世界 500 强企业——"柯达",技术一度领先同行至少 10 年,但还是于 2012 年破产;手机霸主——"诺基亚",已被苹果公司悄无声息地干掉;当中国移动还在沾沾自喜于中国最大的通信商时,微信注册用户已近 7 亿。

没有任何企业能保证屹立不倒,纵然是世界名企也是战战兢兢,小企业更是如履薄冰,作为员工的你凭什么没有危机感?

4. 求安稳

人都愿意躲在大树下乘凉,但寻求大树庇护的时候,往往忽略了伐木工人正在逼近,一棵棵大树被无情推倒,新的森林规则正在被重新定义,大树或许能提供暂时的庇护,但并不能保你一生安稳。

即使企业没有破产,但是企业运营方式不会改变吗? 人员岗位不会重新分配吗? 当今你能适应新的商业模式的工作要求吗?

在当今社会,任何事情都有可能发生,只有时常保持危机感,才能占有属于自己的一席之地。

5. 自我逃避

我们享受着时代发展带来的便捷,同时也感受到便捷带给我们的危机感。生活越是方便,某些岗位越显得可有可无。随着智能化系统的发展,银行柜员会被人工智能替代,流水线工人会被机器人替代,驾驶员会被无人汽车替代,部分职员的工作会被智能办公替代,这些都是可能实现或者正在实现的。

人都有一种自我逃避的意识,当一件事没有真正威胁到自己的时候,很难做出反应。当我们真正认识到事态的严重性的时候,事情可能已经威胁到自己的生活或者生存了。

(二)"害群之马"

前面所说的"活死人"只是不做事,对企业尚未造成破坏,而"害群之马"则专门搞破坏。企业中如果有这样的人,那么整个企业都不得安宁。"害群之马"的具体表现有以下几方面。

1. 表面温顺,背后使坏

某部门热火朝天地开了个头脑风暴会议,思路理清了,问题解决了,方案出来了,万事俱备,只差执行了。会后,小王说:"这思路狗屁不通啊。"小李说:"这问题根本没法解决啊。"小张说:"这方案绝对行不通啊。"这些"会后小王子",对公司发展极为有害。

2. 常说"那事与我无关"

企业越小,每个员工所担负的责任就越大。你必须思维敏捷,不断调整工作重心,并且不论身居何职都要努力完成各种任务。

企业搬家,部门经理忙着往卡车上装货,人事专员去商店买东西,总经理也在忙着装行李。这时,客户投诉电话响了,客服小王正在忙,于是,让财务小张帮忙接电话,没想到她说:"我不会跟客户沟通啊,再说,那也不是我的工作范围。"

员工接到任何任务,只要不犯法或者不违背道德,都应该主动去帮助完成,而优秀员工发现问题会自觉地去想办法解决。"这不是我的工作范围"等于是在说"我只关心我自己"。这种态度对企业的影响是毁灭性的,因为它会把一个凝聚力很强的团队变成一盘散沙,各自为政。

3. 他们觉得已经实现自己的价值了

老吴完成了一个项目,对企业意义很大,老板很欣赏他,同时也很感激。从那以后,老吴每每跟人谈话,最后都会扯到那个项目上:"我在做那个项目的时候啊,你可不知道有多困难……"每次企业派新任务给他的时候,他就找各种理由搪塞。

没有人能躺在功劳簿上,衡量一名员工价值的标准应该是看他能否持续为企业作出实质性的贡献。"我已经实现自己的价值了"等于是在说"我不需要再努力工作了"。其他员工也都会觉得自己也没必要那么兢兢业业了。

4. 认为经验就是资本

诚然,经验在职场里是非常重要的,但是如果一名经验丰富的员工,技能没有别人熟练,业绩也不如别人优秀,那么他的经验就毫无价值。没有实际产出的经验,就没有任何用处。

新员工入职会议上,老员工老陈对他们说:"在企业干了二十年了,我就是给你们提供帮助的,企业里我没啥不知道的,有什么问题尽管来问我。"然后,他就整天坐在办公室,什么也不干,等着大家去请教。但是,谁也没去问他,大家都在想:"你经验丰富,我尊重你。但是你也应该干点实事给我们瞧瞧啊。"只靠经验去说服别人是站不住脚的,只有凭借实力和业绩,才能让人心服口服。

5. 喜欢背后论人短长

小赵对小谢有意见,还跟好几个人说起过她工作上的失误。有人就问小赵,为什么不直接去跟小谢谈谈呢,这样对大家不是都好吗?结果他说:"我又不是她领导,没义务给她提意见。"

如果建立起议论别人的办公室氛围,不仅是对时间的浪费,也会让同事之间不再互相尊重,这是不能容忍的。

6. 迫使别人后退

企业来了一个新人,工作很努力,经常加班,总能达成目标,超出人们对他的期望。然而,老王却对他说:"你简直是劳模啊,跟你比起来,我们这些老员工简直该被辞退了。"

每个人都会作对比,不同的是,好员工喜欢跟自己比,会通过不断提升自我来超越昨天的自己。而有些员工自己不想多干活,反而希望别人少干点。他们不想做最好的,只是希望有比自己更差的。"这么辛苦何必呢,都是为企业卖命"等于是在说"你们这么拼命,我怎么混下去啊"。

想一想: 小王对企业和上司很不满,认为自己受到了不公正的待遇,但是又不辞职,每天在企业里看到别人认真工作,就跑过去和他说:"你那么认真干什么,再怎么努力,一个月也就那么点工资,至于吗?你看人家什么都有,我们什么都没有,真不公平……"。请同学们想一想:小王的做法对吗?他会得到企业的重用吗?

7. 极力让人觉得,功劳都是他的

也许他的确做了很多工作,也许他排除了千难万险。但事实往往不会这么简单,有什么特别大的成绩是由他独自完成的呢?

有团队精神的员工总是和团队分享荣誉,不会贪功,会赞赏别人,而且会提携新人。在领导位置上的人尤其如此,他知道,团队的成就也是自己的成就。"所有工作都是我独立完成的,都是我的想法"等于是在说"整个地球都是为我转动的,我要让每个人都知道这一点"。

8.总让别人当替罪羊

有些员工遇事永远不在自己身上找问题。供应商在发牢骚,某个顾客的零钱找错了,文案上有错别字……不管发生了什么,全都是别人的错。而另外一些员工却勇于承担该承担的责任,不论出了什么问题,是谁犯的错,都会把责任揽在自己身上,接受批评和指责,因为他们知道自己能解决这个问题,而那些真正应该责怪的人没能力解决。

没什么比推卸责任更自私的了,特别是应当承担责任的时候。"这事你得跟 Jack 说,是他出的错"等于是在说"我们不是在一起做事的,跟我无关"。

(三)"吸血虫"

"吸血虫"是企业中最可怕的人,具体有以下表现。

1.想方设法占企业的便宜

一个人可以通过笑脸欺骗你,还可以通过谈吐欺骗你,唯独那些小动作欺骗不了你,占小便宜的习惯是多年养成的,是下意识的。

某企业庆功宴上,刚一开始,有的人直接就把一盆龙虾端走了,有的人直接把一箱可乐拿走了……这样的员工,且不说工作能力如何,在基本的职业素养方面肯定是严重缺失的,而且缺乏职场常识。

或许在一些人和一些管理者看来,不过是拿了企业的零食而已,太过于小题大做了。可是,他今天可以顺走企业的零食,明天就可能收受职位的好处,因为薅企业羊毛,碰瓷自家企业的员工,并不少见。苹果公司实习生泄露 iBoot 源代码,为自己谋取了大额利益;乐视工程师阎某与其上家吴某合谋给乐视 207 台服务器植入木马病毒狠赚一笔。薅羊毛、占便宜的行为一旦蔓延,便只会愈演愈烈。最后小贪变大贪,小恶变大恶,甚至可能滋生腐败。2018 年 8 月,京东因为腐败被辞退的高管达 16 人,被刑事拘留的有 4 人。同年同月,万达的两位高管因涉嫌利用职务便利谋取私利,在建国门万达总部的所有员工面前被警方带走。

2.整天在找企业的毛病,凡事都恶意地猜测和批评

"吸血虫"的另一个表现是:他们整天在找企业的毛病,有事情就发牢骚,没事情就找碴儿,凡事都恶意地诋毁和攻击。

小故事

小萌毕业后,来到一家中型企业工作,在同学中算是工作较早的一个。刚来那几天,小萌充满着好奇,充满着骄傲。可是没几天,她开始不喜欢这个企业了,觉得与自己理想中的企业相差太远,好多事情都与自己设想的不一样。说管理正规吧,自己看还有好多漏洞,说不正规吧,劳动纪律抓得又太严,自己觉得很不舒服。于是,她心情变坏,感到不愉快,常向一个同来的伙伴发牢骚:"这个企业怎么浑身是毛病,干得真没意思。"不知怎的,这话传到了上司的耳朵里,还没等小萌对这个企业真正有所认识,就被炒了鱿鱼。开始,小萌还满不在乎,觉得自己反正也没看好他们,走了也无所谓。可是,当她再次在求职大军中奔波了三个

月,还没找到好于这样"浑身是毛病"的企业的时候,她心中才感到有些后悔,心想:如果下次再有类似的企业接纳自己,一定接受教训,好好工作。

现在,很多年轻人一进企业,就这也看不惯,那也不顺眼,仿佛要"闹革命"。可是,他们却忘了:企业并不是"闹革命"的地方,而是需要所有员工共同奋斗的地方。企业制定的各种规章制度,一定有其道理,作为员工,尤其是新员工,都应该认真遵守,并要切记:第一,不要做"活死人";第二,不要做"害群之马";第三,不要做"吸血虫"。

想一想: 老赵每天想的都是怎样从企业弄些什么回去。因此,他经常把公司的物品带回家,他家里用的纸、笔、墨都是公司的办公用品。请同学们想一想:老赵的做法对吗? 他属于企业最不喜欢的人中的哪一种?

二、企业中一般有哪些类型的人

一般企业都会存在以下几种类型的员工,他们各有自己的优缺点。

1. 能力较低但对待工作的态度很好

这种类型的人,可能由于学历、经历等原因,工作能力有限,不能适应工作的需要,工作的效率和效果欠佳,但他们态度积极,精神状态好,有时有劲使不上,不知道从何处下手。如果你是这种人,就应该抓紧时间提升自己的相关知识和能力。企业安排你培训更好,但千万不要等待,应该积极主动乃至自掏腰包,也要提高自己的本领。企业之所以没有淘汰你,一是因为你的态度好,二是因为目前还没有比你更合适的人。

2. 有能力但对待工作的态度不好

这种类型的人,通常都是付出多少劳动就希望得到多少回报,给多少任务就完成多少任务,绝不会多做一点。他们在工作中缺乏激情、热情和创新,尽管有一定的能力,但是心态出了问题。如果你很像这种人,就要当心了,要么改变态度,改变自己;否则你就会在频繁被淘汰或跳槽中荒废自己的职业前程。

小故事

一个上了年纪的木匠准备退休了。他告诉雇主,他不想再盖房子了,想和他的老伴过一种更加悠闲的生活。他虽然很留恋那份报酬,但该退休了。雇主看到他的好工人要走,感到非常惋惜,就问他:"能不能再建一栋房子? 就算是给我个人帮忙。"木匠答应了。可是,木匠的心思已经不在干活上了,不仅手艺退步,而且还偷工减料。木匠完工后,雇主来了。他拍拍木匠的肩膀,诚恳地说:"房子归你了,这是我送给你的礼物。"木匠感到十分震惊:太丢人了,要是知道他是在为自己建房子,他干活儿的方式就会完全不同了。

你是那个木匠吗? 每天你钉一颗钉子,放一块木板,垒一面墙,有没有竭尽全力? 人生就是一项为自己做的工程,今天做事的态度决定了明天住上什么样的房子!

3. 既没有能力且对待工作的态度又不好

这种类型的人,不仅态度消极悲观,能力也不行,不出工也不出力。这种人注定是被所有企业淘汰的对象。他们可能要在频繁和长期的失业中度过一生。

4. 有能力且对待工作的态度高度积极

这种类型的人,是企业最喜欢的人,也是企业最需要的人。他们充满自信,积极主动;他们忠诚敬业,自动自发。这种人才是公司的中流砥柱,一个企业成败与否,与这部分员工有着密切而直接的联系。

拓展阅读

有一天,小 A 很委屈地对人事经理小 B 说:"老板不关心人才,我要离开这个公司。我恨这个公司!"小 B 建议道:"我举双手赞成你报复! 一定要给这个破公司点颜色看看。不过你现在离开,还不是最好的时机。"小 A 问:"为什么?"小 B 说:"如果你现在走,公司的损失并不大。你应该趁着在公司的机会,拼命地去为自己拉一些客户,成为公司独当一面的人物,然后,带着这些客户突然离开,公司才会受到重大损失。"小 A 觉得小 B 说得非常在理。于是二话不说,埋头苦干,结果事遂所愿,半年多的努力工作让他有了许多忠实的客户,并掌握了大量公司的运作信息。这时候,他又碰到人事经理小 B。小 B 问小 A:"现在是时机了,要跳槽赶快行动哦!"小 A 淡然笑道:"老总跟我长谈过,答应给我加薪,并准备升我做总经理助理,我暂时没有离开的打算了。"

> **议一议:**
> 企业到底最喜欢什么样的人?

其实,这也正是人事经理小 B 的初衷。一个人的工作,只有付出大于得到,让老板真正看到你的价值,才会给你更多的机会。

第二节 怎样成为企业最喜欢的人

成为企业最喜欢的人,不仅是企业管理者对每位员工的希望,也是员工做好本职工作,进而实现自我价值的内在要求。

那么,作为初入职场的职校学生,怎样才能成为企业最喜欢的人呢? 下面是对想成为企业最喜欢的人的几条建议。

1. 积极主动、尽职尽责地完成工作任务

无论哪个单位的领导,都不会喜欢一个只会"听命行事",工作不积极主动、甚至不能完成工作任务的员工。身为单位员工,如果想证明自己是最优秀的,凡事都应该积极主动,该做的事立刻着手去做,绝不拖拉,做别人不愿意做的事,做别人做不到的事。

一名优秀的员工,是不会挑剔自己的工作的。无论哪个单位的领导都希望自己的员工能积极主动工作,不找任何借口。对于那些"挑三拣四""拈轻怕重"的员工,领导会毫不犹豫地将他们剔除在加薪、晋级之外。

当你养成凡事都积极主动去做的习惯时,你就在领导心里占有一席之地,有可能从普通员工中脱颖而出,成为优秀的员工。一个人对待工作、对待人生的态度,往往就决定了他一生的成就,决定了他能够走多远、飞多高。

小故事

两个同龄的年轻人同时受雇于一家零售店铺,并且拿着同样的薪水。可一段时间后,叫约翰的小伙子涨薪水,而那个叫汤姆的却仍在原地踏步。汤姆很不满意老板的不公正对待,有一天,他到老板那儿发牢骚。老板一边耐心地听着他的抱怨,一边在心里思考着怎样向他解释清楚他和约翰之间的差别。

"汤姆,"老板说,"你到集市上去一下,看看今天早上有卖什么的?"

汤姆从集市上回来向老板汇报说:"今早集市上,只有一个农民拉了一车土豆在卖。"

"有多少?"老板问。汤姆赶快戴上帽子又跑到集市上,然后回来告诉老板,一共有 40 袋土豆。

"价格是多少?"

汤姆又第三次跑到集市上问了价格。

想一想:为什么约翰涨薪水而汤姆却仍在原地踏步?

"好吧,"老板对他说,"现在请你坐到这把椅子上,一句话也不要说,看看别人怎么做。"

约翰很快就从集市上回来了,并汇报到现在为止,只有一个农民在卖土豆,一共有40袋,价格是多少,土豆质量很不错,他还带回来一个让老板看看。昨天,那个农民铺子里的西红柿卖得很快,库存已经不多了,他想这么便宜的西红柿,老板肯定要进一些的,所以他不仅带回了一个西红柿做样品,而且把那个农民也带来了,他现在正在外面等回话呢。

此时,老板转向了汤姆,说:"你现在肯定知道为什么约翰的工资比你高了吧?"

2.永远走在别人前面,每天多做一点点

事情无论大小,都要主动去做。一般情况下,很多人认为只要自己按时、保质地完成了领导交代的工作,便可以心安理得地领取那份薪水。事实上,大多数单位没有硬性指标强制要求员工去做职责范围以外的事,但如果奉行"永远走在别人前面,每天多做一点点,把工作完成在昨天"的工作理念,并且付诸行动,你就可能得到领导的信任,你的付出会为你赢得良好的声誉,增加他人对你的需要和依赖,从而让自己变得不可替代。

每天提前上班或晚一点下班,别以为没人注意,领导其实都看在眼里,记在心中,你已经走在别人前面了!假如领导要求你提供帮助,做一些分外的事情,而不是让他人来处理时,你就应该积极地伸出援助之手。

不要总是以"这不是我分内的工作"为由来推卸工作,逃避工作,当额外的工作分配给你时,不妨将它视为一种难得的机遇,将事情做好——这是你从"平凡"走向"优秀"的开始。

小故事

张霞是公司里晋升最快的人,仅用一年她就成了部门主管。原因很简单,张霞每天都把工作当作是自己毕生的事业,每天都坚持多做一点点。

有一次,经理出差了,但是在出差的时候,随口说了一下公司即将参加的一个会展,会展的展板还没有做好。尽管经理没有吩咐由谁来负责,但是张霞觉得,既然自己是公司的一员,那么自己就有责任去做好它。由于经理外出,正当其他同事借机偷懒的时候,张霞却在为这几块展板辛苦工作。几天后,经理出差回来,看到展板已经做好,感到很欣慰,没想到自己就简单地一说,就有下属这么保质保量地完成了。

正是这种每天多做的一点点,张霞赢得了经理的信任与肯定,一年之后就被提拔为部门主管了。

3.勇于承担责任,关心公司,忠实自己的工作

作为一名优秀员工,必须对工作负责,具有强烈的责任心。责任心就是对自己的所作所为负责任的自觉态度,就是对他人、家庭、企业、社会、国家乃至整个人类承担责任和履行义务的自觉态度。

责任心是一个人走向成功的基本保障。如果没有责任心,即使他有再大的能力,也很难做出成绩。

小故事

　　某公司要裁员,下岗名单公布了,有内勤部的小灿和小燕,规定一个月后离岗。那些天,大伙看她俩都小心翼翼,更不敢多说一句话。因为她俩的眼圈都是红红的,这事摊到谁头上都难以接受。

　　第二天上班,小灿心里憋气,情绪仍然很激动,什么也干不下去,一会儿找同事哭诉,一会儿找主任申冤,什么订盒饭、传送文件、收发信件这些她应该干的活全扔在一边,别人只好替她干。而小燕呢,她也哭了一个晚上,可是难过归难过,离走还有一个月呢,工作总不能不做,于是她默默地打开计算机,继续打文稿、通知。同事们知道她要下岗,不好意思再找她打文件。她特意和大家打招呼,主动揽活。她说:“是福不是祸,是祸躲不过,反正也就这样了,不如好好干完这个月,以后想给你们干都没机会了。”于是,同事们又像从前一样,“小燕,把这个打出来,快点儿!”“小燕,快把这个传出去!”小燕总是连声答应,手指飞快地点击着,辛勤地工作着,认真地履行着她的职责,坚守着她的岗位。

议一议:
为什么小灿下岗了,而小燕却被留了下来?

　　一个月后,小灿如期下岗,而小燕却被从裁员的名单中删除,留了下来。主任当众宣布了老总的话:“小燕的岗位谁也无法代替,像小燕这样的员工,公司永远也不会嫌多!”

4. 把敬业当成一种习惯

　　敬业就是敬重自己的工作,把工作当成自己的事。具有强烈敬业精神的人,在工作中会尽职尽责、一丝不苟、善始善终。

　　如果一个人没有敬业精神,就谈不上为公司负责,对工作负责,更不要奢谈什么成功。在当今社会,一个人是否具备敬业精神,是检验员工能否胜任一份工作的首要标准,是衡量员工是否重视工作的重要尺度。优秀的员工总是把敬业当作一种习惯。敬业表面上看是有益于公司、有益于老板,但最终的受益者却是自己。当我们将敬业变成一种习惯,就能从中学到更多的知识,积累更多的经验,就能在全身心投入工作的过程中找到快乐。这种习惯或许不会有立竿见影的效果,但当“不敬业”成为一种习惯时,其结果却是可想而知的。工作上投机取巧也许只给你的老板带来一点经济损失,但却足以毁掉你的职业之路。

　　李悦是一名装潢设计专业毕业的中专生,由于学历不高、年龄又小,在求职过程中,所面临的困难可想而知。最后,她靠了一点关系才进入一家设计公司。她知道自己的工作来之不易,所以在大家闲聊时,她却在不断学习,让自己尽快从一名学生转变为公司的员工。在完成工作的过程中,她也不断地向身边有经验的老员工请教,对工作付出了更多的努力。在实习的一年时间里,她居然被公司两次加薪。但是,李悦并没有因此而满足,她利用节假日报了培训班充实自己。用她的话说:“我喜欢自己的专业,也喜欢目前的工作,我想通过自己的努力,把自己所学的知识运用到工作中去。”她也得到了领导的好评,相信在不久的将来,一定会成长为一名优秀的职业人。事实表明,我们的敬业精神增加一分,别人对我们的尊敬就会增加一分,敬业的回报就是无限多的关注和无处不在的发展机会。如果我们能将敬业当成一种习惯,也就不愁事业无成了。

　　有些人天生就具有敬业精神,任何工作一接手就废寝忘食,不完成不罢休;也有些人需要培养和锻炼敬业精神。如果我们是敬业的人,就能从工作中得到比别人更多的经验,而这些经验便是我们在职场生存和发展的资本。就算以后换了工作，从事不同的行业，丰富的工作经验和有效的工作方法，同样是我们宝贵的财富。我们的敬业精神会为我们的成功带来帮助，让我们终身受益。因此，把敬业当成一种习惯，是我们每个人都需要修炼并具备的。

5. 时刻牢记公司利益

员工和公司的关系就是鱼和水的关系，员工是鱼，公司是水，没有水，鱼就没法生存；水里没有鱼，就是一潭死水。所以，员工利益和公司利益是息息相关、相辅相成的。公司的发展要靠全体员工的努力；反过来，公司发展了，效益上去了，就有充足的资金考虑员工的利益，为员工谋福祉。

员工在做好自己工作的基础上，要多为公司的整体利益着想，要积极为公司的发展献计献策，对公司管理模式、经营方略、工序改进等提出合理化建议，进一步提高工作效率；要体谅公司目前存在的困难，做好过紧日子的准备，为公司分忧，维护公司的日常运营。

在做好本职工作的同时，我们要发挥团队精神，多提出有利于公司团队发展的建议，不要一味地抱怨、发牢骚，要学会积极地解决问题。

假如员工不以公司利益为重，只为自己的利益着想，整天打自己的小算盘，公司就难以发展，不发展就没有前途，没有前途就会被市场淘汰，作为公司一分子的员工就会吞下自己酿成的苦果，将失去赖以生存的公司，面临失业。也许你能找到一份新的工作，但如果不改变这种以私利为重、不顾公司整体利益的心态，在新公司里还会面临同样的问题。

小故事

兔子"三瓣"长大了，离家之前，兔妈妈反复叮嘱："无论如何，都不要吃窝边的草。"三瓣在山坡上建造了自己的家。为安全起见，它的家设有三个洞口。三瓣牢记母亲的叮咛，总是到离洞口很远的地方去吃草。秋天过去了，一切都安然无恙。

有一天，刮着很冷的西北风，三瓣走出洞口时，不禁打了个冷战，它实在不想顶着大风到很远的地方觅食。"我只吃一点，明天天气好了，我就出去觅食。"三瓣安慰着自己，把肚子吃得滚圆。

过了几天，下起了大雪，三瓣又用家门口的草填饱了肚子，不过这一回，它换了一个洞口。"我有三个洞口，每个洞口都有很多草。我不过是在天气不好的时候，在每个洞口吃一点点草而已。"于是，每当天气恶劣，三瓣都找到了一个解决吃饭问题的捷径。

一天，睡梦中的三瓣突然觉得有些异样。它睁开眼睛，发现一只狼堵在它的家门口，正试图把洞口挖开。三瓣连忙跑向别的洞口，却惊讶地发现，另外两个洞口已经被岩石牢牢地堵住了！"从你第一次吃窝边草，我就知道这里有只兔子，可我知道狡兔三窟，摸不清另两个洞口的位置，不好下手。"看着到口的美食，狼得意地说。直到这时候，三瓣才领悟到母亲的教诲是多么正确！

6. 找到乐趣，快乐工作

要想成为企业最喜欢的人，必须要拥有良好的心态。这种良好的心态会使你快乐地面对工作，而不是把工作当着一份糊口的苦差。这种良好的心态会使你在工作中发现乐趣，当你在工作中遇到困难时，要不慌张，不气馁，认真地分析问题所在，并努力寻找解决方法，激励自己以更好的心态去更加努力地工作。

无论从事什么样的工作，能否从中发现乐趣，要看你对工作所持有的态度。你对工作的态度,会逐渐把你与周围的人区别开来,快乐工作的人更容易取得成功。孔子曰:"知之者不如好之者,好之者不如乐之者。"西门子公司所崇尚的企业宗旨是:"请愉快地工作,哪怕是假装的。"无数个事例都验证了这个真理。

积极正面的心态有助于开创工作和人生的新境界,而消极封闭的思维方式只会使工作和生活原地踏步。所以,当你把工作当作苦差时,请调整心态、放松心情、快乐工作。

小故事

2007 年 10 月,英国一位叫卡尔·普兰斯的火车司机幸运地中了 690 万英镑的大奖。中奖后,他花了 6.4 万英镑买了一辆房车,开始了他的环球旅行,并尽情地享受着金钱带给他的乐趣。但是几个月后,普兰斯居然提出申请要回到铁路部门。由于他的听力受损,公司拒绝了他的申请。后来,在万般恳求之下,他终于重回自己心爱的岗位。当人们问他是不是疯了的时候,他发自内心地说:"我不能把自己的余生花在无聊的度假上,我要与我亲爱的同事以及心爱的火车一起快乐地工作下去。"于是,他继续着自己充实而特别的生活,工作时间他继续与火车、同事为伴,下班后他开着自己的豪华轿车回家。人们都相信,他是快乐的,因为他热爱自己有工作的生活。

> **议一议:**
> 以上为想成为企业最喜欢的人提了六条建议。除此之外,你认为还需要培养哪些优良品质?

很多时候,我们都把工作的目的等同于赚钱,于是工作便成为一种庸俗的劳累。如果你试着把工作和钱分开,和快乐挂上钩,也许你会发现,工作将成为一件愉快的事情。

细细想来,我们大多数人都没有中头彩的命,可能要将人生大部分的时间献给工作,如果不把工作当成快乐的事情,不从工作中寻找快乐,那我们的一生岂不是注定要悲哀地度过?

第三节　点燃激情　创造巅峰

从学生到职业人,从职场菜鸟到企业喜欢的人,每一次转变都是华丽的转身。当然,要想进一步发展自己以达到人生巅峰,还需要我们点燃激情,努力成就精彩人生!

一、做一个有激情的人

在希腊语里,激情是"entheos"。"en"的意思是"在里面","theos"的意思为"神"。激情就是我们"心中的神",能点燃我们生活和工作的激情,它是心灵之火,让我们热情地拥抱生命,开创未来;让我们光芒四射,生机勃勃;让我们活力无穷,坚强有力。

美国微软公司董事长比尔·盖茨曾经说过:"如果只把工作当作一件差事,或者只将目光停留在工作本身,那么即使是从事你最喜欢的工作,你依然无法持久地保持对工作的激情。但如果把工作当作一项事业来看待,情况就会完全不同。"激情是不断鞭策和激励我们向前奋进的动力。对工作充满激情,就会不畏惧现实中所遇到的重重困难和阻碍。激情是工作的灵魂,甚至就是工作本身。能否成就一番事业,保持工作激情十分重要!怎样才能保持工作激情呢?我们应具备一些基本意识。

(一)"激情人"应有的意识

1. 主人翁意识

主人翁意识,又称主人翁精神,是指一个人在符合某一个岗位任职资格的前提下,进入到该岗位中,按照该岗位的要求,履行和完成岗位所赋予的全部工作,实现个人的社会价值。

当好主人翁就是要把工作上的事当成自己的事,对工作主动、积极、负责、奉献、坚持,追求成功,永不言败。其中,不贪图名利、不计较得失,全身心地投入工作,全力以赴地完成任务,以"怎样才能更好,怎样才能更快"的标准处理每个工作细节,是主人翁意识的核心。它不是要求你"公私混淆",而是让你时刻站在"企业创始人"的高度思考问题;它不是一个口号,而是一种信仰,一种高尚的品质。

当我们成为职业人后,就要有这种主人翁意识,以一种与公司血肉相连、心灵相通、命运相系的感觉,去做好每件事,去面对每个客户,在每个成功或者失败的经验教训中,渗透出企业以及你个人这种共同的精神气质。树立主人翁精神,以主人翁意识和心态去工作,不仅是企业发展的需要,更是员工保持工作激情、取得良好职业发展的需要。

拓展阅读

从"你家"到"我家"

一对刚结婚的夫妇,新娘第一次到新郎家,在走进院子的时候,新娘看到新郎家有老鼠,她回头对身后的丈夫扫了一眼,笑呵呵地说:"你家居然有老鼠!"新郎不语。第二天,睡梦中的新郎在一阵追打和骂声中醒来,他看见新娘手拿一根木棍边追边骂:"臭老鼠,我今天非打死你不可,你居然敢到我家来偷米!"

上面的小故事中,新娘对家庭的理解和描述,从"你家"到"我家"仅一字之差,却十分形象地反映出了新娘主人翁心态与精神的确立过程。在主人翁精神从无到有、从弱到强的转变过程中,起根本作用的是人们对待家庭、企业等组织的心态。强烈的主人翁精神一旦树立,人们就会积极、自觉、主动地融入组织当中,自觉主动地在各项组织活动中贡献自己的力量。

2.协作、服从意识

协作意识是指个体对共同行动及其行为规则的认知与情感。它是合作行为产生的一个基本前提和重要基础。服从意识是指在任务执行过程中的一切行动都得听从指挥。服从的人必须暂时放弃个人的独立自主,全心全意地遵循所在机构的价值观念。在工作中,没有协作与服从意识,就不能很好地完成任务。

企业是一个团队,如果这个团队要正常运转,作为企业的一分子,就必须要团结协作、遵照指示做事,切忌无组织、无纪律、无团队意识。既团结协作又无条件地服从并认真执行,全身心地投入工作,与企业的生存发展共命运,才会成为一个企业所期望的、最受企业喜欢的人,也才会成为一个在工作中充满激情的人。

拓展阅读

服从——不找任何借口

有一位很有名的篮球教练,每当见到他的队员时,都想尽办法劝他们把自己的头发剪短。对于他的这种做法,队员们有些不解,但由于教练平时比较严肃,所以没人敢问他,只是默默地服从。后来,队员们一个个都成才了,教练才对他们说出了原因:"让你们这样做的原因并不是头发的长短,而是想看一下你们是否服从我。只有无条件地服从我,才能按照我制定的方案去执行,才能相互协作配合,打赢每场球赛。"可见,纵然不懂教练那样做的原因,也不去找任何借口拒绝服从,才能共同执行教练的方案,提高团队的竞技能力。

3.责任、担当意识

责任意识，就是清楚明了地知道什么是责任，并自觉、认真地履行职责，把责任转化到行动中去的心理特征。担当意识，就是指勇于承担自己的责任。责任、担当意识是一种自觉意识，也是一种传统美德，是每位职业人做人做事的基本准则之一，是衡量职业人有无良好职业心态、主人翁意识的判断标准之一，是每个人能否做好工作、获得上司认可和在公司存在价值的前提条件，更是一个人能力发展得到良好提升和未来职业规划最佳成长的综合素质的全面反映。

一个敢于承担责任、勇于担当的人，才能被赋予更多的使命，才有资格获得更大的荣誉。一个缺乏责任担当的人，不仅会失去社会对自己的认可，还会失去别人对自己的信任和尊重。

拓展阅读

履行自己的责任

21世纪初，美国的意大利移民弗兰克经过艰苦的努力开办了一家银行，但一次意外的变故使他破产了，储户也失去了存款。他带着妻子和4个女儿从头开始，决心偿还那笔天文数字般的存款。所有人都劝他："你为什么要这样做呢？这件事你是没有责任的。"但他回答："是的，在法律上也许我没有，但在道义上我是有责任的，我应该还钱。"偿还的代价是他和家人39年的艰苦生活。他付清最后一笔"债务"时，轻叹道："现在我终于无债一身轻了。"

弗兰克用一生的汗水完成了他的责任，给世界留下了一笔真正的财富。他是我们学习的榜样。从来到人间，到离开这个世界，我们每时每刻都要履行自己的责任：对家庭的责任，对班级的责任，对学校的责任，对工作的责任，对社会的责任，对生命的责任。花有对果的责任，云有对雨的责任，太阳有对光明的责任。世界上万事万物，都有自己的责任。

如果把社会比喻成一座大厦，那么每个社会成员的责任担当意识就是这座大厦的基石，有了责任、担当意识，才会关注生活中的点点滴滴，才会时刻准备着伸出援助之手，才会将个人融入社会中，充分发挥个人的才干，将素不相识的人们凝聚成一个整体，才能让我们在工作中一直保持激情，创造更高的价值。

4.积极进取的意识

积极进取是一种人生态度，更是一种做事的方法。它强调每个人对自我的正确认识，对周边环境的正确对待，对人生道路的信心和希望。在当今社会的激烈竞争中，如果没有积极进取的心态，就有可能被淘汰。积极进取意识能给人带来成功、财富、快乐和健康。唯有保持进取上进的意识，才能由量变到质变，实现自己的人生目标。

拓展阅读

积极进取，超越自我

在美丽的非洲大草原上，生活着羚羊和狮子。羚羊每天一早醒来，就在思考，如何跑得更快一些，才能不被狮子吃掉。同样，狮子每天一早醒来，也在思考，如何能比羚羊跑得更快一些，才不会饿死。

羚羊和狮子的思考告诉我们，自然界对任何一种动物都是公平的——一起生存，公平竞争，共同发展。社会对每个人也是公平的——竞争合作，共创共享。强者生存，弱者淘汰是竞争的不二法则。无论你是强者还是弱者，都要像羚羊和狮子一样，以积极进取的心态调整自我,不断进步,做到由弱变强,强上更强。只有这样,才能在激烈的市场竞争中,创造优秀的业绩;在激烈的岗位竞争中,立于不败之地。

5. 创新意识

创新意识是指人们根据社会和个体生活发展的需要,引起创造前所未有的事物或观念的动机,并在创造活动中表现出的意向、愿望和设想。它是人类意识活动中一切积极的、富有成果性的表现形式,是人们进行创造活动的出发点和内在动力,是创造性思维和创造力的前提。

当今社会是一个创新的时代,职场中具备创新能力的人通常会被刮目相看。在步入职场之前,面对眼前熟悉的学习和生活环境,你是否思考过这样的问题:那些日复一日的琐事,有没有可能被更简洁地处理掉? 那些耗费你时间的事情,能否换个方法更高效地完成? 那些你感觉难以攻克的任务,难道真的无法解决? 创新,并不像你想象的那样遥不可及,如果你曾对上述问题有所思索,证明你存在创新的潜质。

拓展阅读

敢于创新

有一家生产牙膏的公司,产品优良,包装精美,深受广大消费者的喜爱,营业额逐年增加。记录显示,前十年,该公司每年的营业增长率为 10%～20%,令董事们雀跃万分。不过,第十一年、第十二年和第十三年的业绩则停滞不前。董事长对此三年的业绩表现感到不满,便召开全国经理级高层会议,以商讨对策。会议中,有名年轻的经理站起来,扬了扬手中的一张纸,对董事长说:"我有个建议,若您要使用我的建议,必须另付我 5 万元!"董事长听了很生气,说:"我每个月都付你薪水,另有红包奖励。现在叫你来开会讨论,你还另外要求 5 万元,是不是太过分了?""董事长先生,请别误会。若我的建议行不通,您可以将它丢弃,一分钱也不必付。"年轻的经理解释说。"好!"董事长接过那张纸后,阅毕,马上签了一张 5 万元的支票给那个年轻的经理。

那张纸上只写了一句话:"将现有的牙膏开口扩大 1mm!"

董事长马上下令更换新包装。试想,消费者多用 1mm 的牙膏,每天牙膏的消耗将增加多少呢? 这个决定,使该公司第十四年的营业额增加了 32%。

重视积累

创新的灵感离不开奇思妙想,而灵感的凸显则建立在实践积累的基础之上。真正意义上的创新是把灵感转化为现实的过程,在现实中,这个过程多是艰辛曲折的。任何科技创新的突破,都要依靠不断实验、不断尝试、不断修改的科学实践过程。因此,提升创新能力,要克服"只想不动""只学不用"的惰性。重视积累,更多时候需要承受反复尝试的痛苦和考验。

(二) 怎样成为一个有激情的人

1. 相信自己,准确定位

相信自己是成熟的标准之一,要时刻对自己充满信心,相信自己。不要总把事情往坏处想,不要轻言放弃,不要气馁,更不能自暴自弃。

要认清自己的长处和短处,认清自己的个性、气质、兴趣和爱好,问问自己:我能做什么? 我将来能做什么? 我想做什么? 我能为企业创造什么价值,带来什么变化? 在此基础上,规划自己的生活和工作,并对自己的未来做出构想。只有对自己有了准确的定位和认识,才能正确对待现在工作中出现的各种问题和困难,才会充满激情,始终保持一种积极进取的心态。

2. 认清自己工作的价值,在工作中树立起使命感

每个人都应该认真思考这样的问题:什么是工作? 为什么工作? 怎样对待工作? 激情是一种理智的行为,只有真正认识到工作的价值和意义,在工作中树立起使命感,才能不受环境和其他因素的影响和干扰,才能变得自动自发,才能生生不息,连绵不绝。

3. 与工作"谈恋爱"

保持工作激情最重要的方法,就是爱上自己的工作,以自己的工作为荣,与工作"谈恋爱"。不要让自己成为工作的奴隶,当环境不能改变时,最容易、最有效的方法就是改变我们自己。

当你不断地去体味工作中的美,不断地发掘工作的魅力,不断地去征服它,工作就会把你带入一个更新的境界。这种"恋爱"的过程,将带给你无穷的乐趣和满足。激情不是盲目和无缘无故的,任何团队,如果我们总是游离在外,不能融入其中,那么,我们的激情注定是短暂的。融入团队和集体,要求我们必须了解团队文化、任务、使命和价值取向,并不断修正和调整自己。与团队和集体达成一致固然最好,至少也要理解和认同。只有这样,我们才能真正地融入其中,我们对工作的激情才不致枯竭。

4. 与激情人士为伍

激情是可以传递和相互感染的。经常与激情人士为伍,感受他们充沛热忱的魅力,感受他们对人生和工作的理解追求,自己也会变得充满激情。同样,当你身边有人情绪低落、意志消沉时,不要受到他们情绪的影响,而应该想办法鼓励他们,用自己的激情和行动为他们加油打气。一旦他们振作起来,整个环境变得朝气蓬勃时,你也会更加精神抖擞,充满激情与活力。

激情是一种意识状态,它调动我们全身的每个细胞,鼓舞和激励我们去采取行动。激情是一种可以融化一切的力量,是一种不断鞭策和激励我们向前奋进的动力。在所有的伟大成就中,激情是最具有活力的因素。成功总是属于那些充满激情的人,即使在平凡的、每况愈下的、受挫的或者受管制的环境中,成功者总是充满激情,尽力把事情做到更好,并迸发出令人惊叹的意志、才能和潜力。

人活着需要激情,工作更需要激情! 激情是活力的源泉,是生命价值的体现,更是发展自我、展现自我的催化剂。我们有什么理由不好好工作并快乐地生活呢? 只有点燃自己的激情,保持恒久的热情,才能顺利抵达成功的彼岸。

二、努力成就精彩人生

(一) 爱业、乐业享受工作的幸福

爱业乐业,就是热爱自己的工作岗位,热爱本职工作,以正确的态度对待自己所从事的工作,努力培养热爱自己所从事工作的幸福感、荣誉感,能够从中找到乐趣,并且享受其中的快乐。一个人,一旦爱上了自己的工作,就会全身心地投入其中,就能享受工作带来的幸福。

在人的一生中,工作几乎占据了生命三分之一的时间,我们幸福与否,很大程度上与工

作时是否感受到幸福息息相关。职场是人们重要的活动场所和生活领域,职场幸福是幸福感的一个重要组成部分。不同的职场人在不同的工作岗位上对职场幸福的理解和感受也不同。

"在你的心目中,什么才是幸福的工作?"有人选择稳定的工作,于是公务员、事业单位成为许多人的共同追求;有人把薪水放在第一位,于是地产、金融、通信等垄断行业成为他们的首选;还有人希望自主创业,拥有一份自己的事业。无论你选择哪一种就业方式,只有爱业乐业,才能享受工作带来的幸福。

知识链接

幸福和职业幸福感

幸福,是一个人自我价值得到满足而产生的喜悦,并希望一直保持现状的心理情绪。

职业幸福感,是指主体在从事某一职业时基于需要得到满足、潜能得到发挥能力得以提高所获得的持续的、快乐的体验。

拓展阅读

全世界最好的工作——"澳大利亚大堡礁招待"

2009 年,澳大利亚大堡礁"护岛人"工作被誉为全世界最好的工作。因为获得这份工作的人每天能在最美丽的自然风光中工作,只要逛逛海岛,喂喂海龟,清洗一下泳池,传递一下消息,就能下班了。

这份平均一周只需干 12 小时的工作,半年的工资竟然有 15 万澳元。

> 议一议:
> 如果你获得了这份工作,你觉得这是最幸福的工作吗?

从全世界几十万竞争者中脱颖而出的 34 岁英国公民本·索撒尔获得了全世界"最好的工作"。然而,他后来却对媒体大吐苦水:

孤独。怀念在英国的日子……

大堡礁炎热的天气不适宜烧烤……这根本就是对一个无人岛的生存挑战。

有一次,他被毒水母蜇伤了,差点一命归西。

由于每天要在岛上四处奔波,现在的作息和流浪汉一个节奏。

最惨的是,工作期间,还和女朋友分手了……

拥有一份"幸福的工作",并不意味着你"在工作中很幸福"。生活中,我们常常可以看到一种现象,一些表面上有着"幸福的工作"的人,其实内心并不幸福,他们根本无法从工作中获得愉悦和成就感。

通常情况下,衡量你的工作有没有职业幸福感,要看这份工作能不能满足你的需求,发挥你的潜能,能不能带给你持续的快乐体验。如果你能从工作中不断体验到快乐,那么,你就是一个幸福的人。

(二)勤业、精业实现人生的价值

勤业就是勤奋努力做好本职工作。俗话说:"熟能生巧。"只有努力掌握自己职业领域内尽可能多的知识和技能,才有可能成为一名合格的企业员工。

如何才能做到熟能生巧呢?那就要"业精于勤"——勤业。无论我们在哪一领域,从事哪一行业,都必须要对本职工作拥有责任心。勤业,不仅要勤奋工作,还要勤奋学习专业知

识,努力钻研自己的本职工作。要做到以上三点,一要勤奋,二要顽强,三要刻苦。勤奋,就是要做到手勤、脚勤、脑勤,这是提高工作效率的关键;顽强,就是要有勇气、有意志去克服职业生活中遇到的各种困难;刻苦,就是要在工作中吃苦耐劳。

精业就是不断提高自己本职工作的技术和业务水平,精益求精,高标准、严要求,一丝不苟,使工作、事业更上一层楼。

随着科技的不断进步,我们将不断面对新设备、新工艺和新技术。为了尽快适应新的环境和发展趋势,我们必须不断地学习,提高自身素质,使自己的事业有所收获、进步和发展。

人生价值是指人的生命及其实践活动对社会和个人所具有的作用和意义。评价人生价值的根本尺度是看一个人的人生活动是否符合社会发展的客观规律,是否通过实践促进了历史的进步;评价人生价值的基本尺度,是劳动以及通过劳动对社会和他人作出的贡献。一个人如果能做好自己的工作,那么就对社会有益,就是为社会作贡献,也就实现了自己的人生价值。

为了实现人生价值,我们需要在工作中勤业、精业,奋斗不辍,使我们能力更强、水平更高。我们应把握属于自己命运的每分钟,争取每个机会,在工作中充分展现自己的才华,用行动实现自己的理想,体现自己的人生价值。

拓展阅读

实现自我价值

2020 年初,一场突如其来的、传染性极强的疾病——"新冠肺炎"在中国武汉暴发。疾病肆虐之下,许多人被感染,甚至被夺去了生命。来势汹汹的疫情使社会笼罩着恐惧的阴霾,人们唯恐避之不及。然而,有许多人却奋勇地冲了上去,特别是奋战在抗击"新冠"第一线的医生和护士。全国各地的许多医务人员和志愿者请愿前往疫区,他们不顾被感染的风险,有的甚至以身殉职。他们并不是毫无牵挂,他们也珍爱健康、眷恋生命,在"新冠"病毒的攻击下,他们的生命同我们一样脆弱。

在一个个感人时刻,我们听到的不是他们的豪言壮语,而是普普通通的话语:"这是我们医务人员义不容辞的责任……既然从事了这个职业,在这个时候,我们没有别的选择,绝不能退缩。"一名护士说:"工作后才发现,原来护士是一个很有使命感的职业。特别是在抢救危重病人,抗击重大疫情的时候感受更深,你会觉得无比满足。"

(三)止于至善,奉献社会

"大学之道,在明明德,在亲民,在止于至善。""止于至善"的意思是处于最完美的境界。奉献是不论从事何种职业,从业人员的目的不仅仅是为了个人、家庭,不是为了名和利,而是为了他人,为了有益于国家和社会。奉献社会就是积极自觉地为社会作贡献。正因为如此,奉献社会是社会主义职业道德的本质特征。

"饮水思源。"当我们在自身不断发展之时、在事业蒸蒸日上之时、在不断取得辉煌成绩之时,一定不要忘记回报社会、奉献社会。我们要不断提高回报社会、奉献社会的意识,进一步增强社会责任感和使命感,脚踏实地地工作,用自己所学的知识和技能为社会发展作出自己应有的贡献。

拓展阅读

中国成功人士纷纷向母校捐款

很多企业成功人士在注重自身发展的同时,不忘回报社会,积极投身于各项公益事业中。

据《2019 福布斯中国慈善榜》,恒大集团董事长许家印、碧桂园主席杨国强、阿里巴巴董事局主席马云分别以 40.7 亿元、16.5 亿元及 9.8 亿元人民币的现金捐赠总额名列前三。

高校捐赠方面,位于榜单首位的许家印,2018 年向其母校武汉科技大学捐赠 1 亿元,用于学校教学科研发展,这笔捐款是武科大历史上金额最大的单笔校友捐款,也是省属高校金额最大的单笔校友捐款。此外,许家印向清华大学捐赠 11 亿元支持学校的发展建设、教育与科研等各项工作;向西北农林科技大学捐赠 2000 万元;向中国科学院大学捐赠 5000 万元。在广东地区,许家印向中山大学捐赠 10 亿元;向暨南大学捐赠 3000 万元;向华南师范大学助学项目捐赠 2000 万元。

广东省国强公益基金会创始人、清华大学名誉校董、碧桂园集团董事局主席杨国强,以 16.5 亿元的捐赠额位列榜单第二。2018 年 10 月,广东省国强公益基金会宣布:未来 10 年内,将向清华大学捐资 22 亿元人民币,此笔捐赠将用于支持清华大学的基础前沿科学研究、人才培养和高端人才引进。清华大学校长邱勇表示,22 亿元是中国大学历史上最大的一笔捐款。

位列榜单第三名的是阿里巴巴集团主要创始人马云。阿里巴巴集团于 2017 年投入 5000 万元用于马云母校杭州师范大学的阿里巴巴商学院升级。2015 年,马云以个人名义捐赠 1 亿元,设立"杭州师范大学马云教育基金",用于资助教育研究和教育创新,探索中国师范教育与基础教育发展方向,并树立师范教育典范。这是杭师大迄今收到的最大一笔单笔捐赠。

李彦宏、马东敏夫妇以 5.4 亿元的捐赠额位列榜单第六。他们将大部分的精力投入教育公益。2018 年 4 月,李彦宏向其母校北京大学捐赠 6.6 亿元(含部分等值资产),用于支持北大的领先学科,如信息科学、医疗、经济学、传播学、心理学及社会学等与人工智能的交叉领域的前沿研究。同年 9 月,马东敏向其母校中国科学技术大学捐赠 1 亿元,用于少年班人才培养、学科建设和人才发展。李彦宏、马东敏分别刷新了北京大学和中国科学技术大学两校建校以来的单笔捐款记录。

2018 年 4 月,刘强东、章泽天夫妇向章泽天母校清华大学捐赠 2 亿元人民币。京东表示:这笔资金将用于支持清华大学苏世民书院、清华大学学生全球胜任力发展指导中心及清华大学量子计算、AI 研究、供应链和物流等项目的建设和发展。2017 年 6 月,刘强东宣布向母校中国人民大学捐款 3 亿元,同时设立中国人民大学京东基金。京东基金主要用于支持中国人民大学的东校区(通州校区)建设、社会学学科发展以及中国人民大学在法学、新闻、互联网、人工智能、金融、经济等领域的相关学科建设、理论与技术研究。

2019 年 10 月,字节跳动创始人、CEO 张一鸣在其母校南开大学设立"南开大学创新基金"。作为创新基金的发起人,张一鸣向该基金捐赠 1 亿元,用于支持南开大学师生及毕业生的创新创业项目。2018年9月,南开大学校友、物美集团创始人张文中宣布:向南开大学捐赠人民币1亿元,将该笔捐赠一部分用于八里台校区新开湖图书馆修缮、数字化和校史馆建设;部分用于奖励优秀学生、资助贫困生,支持人才引进和学科创新发展,特别是大数据、人工智能等新兴学科。

由此可见,知名高校捐赠常用于高校发展建设、前沿科学研究等领域。企业家或校友通过捐赠的方式建设高校、培养优秀的人才推动社会进步、企业发展,从而形成企业、高校和社会的良性循环圈。

企业除了创造利润,还要根据自己的实际情况回报社会。这是企业家承担社会责任的高层次表现。

？ 思考题

1. 企业最不喜欢的人有哪些?

2. 何为企业中的"害群之马"? 如何避免成为这样的人?

3. 如何成为企业最喜欢的人?

4. 怎样成为一个有激情的人?

《中华人民共和国劳动合同法》

《中华人民共和国劳动合同法》由中华人民共和国第十届全国人民代表大会常务委员会第二十八次会议于 2007 年 6 月 29 日通过,自 2008 年 1 月 1 日起施行。

全国人民代表大会常务委员会《关于修改〈中华人民共和国劳动合同法〉的决定》由中华人民共和国第十一届全国人民代表大会常务委员会第三十次会议于 2012 年 12 月 28 日通过,自 2013 年 7 月 1 日起施行。

第一章　总则

第一条　为了完善劳动合同制度,明确劳动合同双方当事人的权利和义务,保护劳动者的合法权益,构建和发展和谐稳定的劳动关系,制定本法。

第二条　中华人民共和国境内的企业、个体经济组织、民办非企业单位等组织(以下称用人单位)与劳动者建立劳动关系,订立、履行、变更、解除或者终止劳动合同,适用本法。

国家机关、事业单位、社会团体和与其建立劳动关系的劳动者,订立、履行、变更、解除或者终止劳动合同,依照本法执行。

第三条　订立劳动合同,应当遵循合法、公平、平等自愿、协商一致、诚实信用的原则。

依法订立的劳动合同具有约束力,用人单位与劳动者应当履行劳动合同约定的义务。

第四条　用人单位应当依法建立和完善劳动规章制度,保障劳动者享有劳动权利、履行劳动义务。

用人单位在制定、修改或者决定有关劳动报酬、工作时间、休息休假、劳动安全卫生、保险福利、职工培训、劳动纪律以及劳动定额管理等直接涉及劳动者切身利益的规章制度或者重大事项时,应当经职工代表大会或者全体职工讨论,提出方案和意见,与工会或者职工代表平等协商确定。

在规章制度和重大事项决定实施过程中,工会或者职工认为不适当的,有权向用人单位提出,通过协商予以修改完善。

用人单位应当将直接涉及劳动者切身利益的规章制度和重大事项决定公示,或者告知劳动者。

第五条　县级以上人民政府劳动行政部门会同工会和企业方面代表,建立健全协调劳动关系三方机制,共同研究解决有关劳动关系的重大问题。

第六条　工会应当帮助、指导劳动者与用人单位依法订立和履行劳动合同,并与用人单位建立集体协商机制,维护劳动者的合法权益。

第二章 劳动合同的订立

第七条 用人单位自用工之日起即与劳动者建立劳动关系。用人单位应当建立职工名册备查。

第八条 用人单位招用劳动者时,应当如实告知劳动者工作内容、工作条件、工作地点、职业危害、安全生产状况、劳动报酬,以及劳动者要求了解的其他情况;用人单位有权了解劳动者与劳动合同直接相关的基本情况,劳动者应当如实说明。

第九条 用人单位招用劳动者,不得扣押劳动者的居民身份证和其他证件,不得要求劳动者提供担保或者以其他名义向劳动者收取财物。

第十条 建立劳动关系,应当订立书面劳动合同。

已建立劳动关系,未同时订立书面劳动合同的,应当自用工之日起一个月内订立书面劳动合同。

用人单位与劳动者在用工前订立劳动合同的,劳动关系自用工之日起建立。

第十一条 用人单位未在用工的同时订立书面劳动合同,与劳动者约定的劳动报酬不明确的,新招用的劳动者的劳动报酬按照集体合同规定的标准执行;没有集体合同或者集体合同未规定的,实行同工同酬。

第十二条 劳动合同分为固定期限劳动合同、无固定期限劳动合同和以完成一定工作任务为期限的劳动合同。

第十三条 固定期限劳动合同,是指用人单位与劳动者约定合同终止时间的劳动合同。

用人单位与劳动者协商一致,可以订立固定期限劳动合同。

第十四条 无固定期限劳动合同,是指用人单位与劳动者约定无确定终止时间的劳动合同。

用人单位与劳动者协商一致,可以订立无固定期限劳动合同。有下列情形之一,劳动者提出或者同意续订、订立劳动合同的,除劳动者提出订立固定期限劳动合同外,应当订立无固定期限劳动合同:

(一)劳动者在该用人单位连续工作满十年的;

(二)用人单位初次实行劳动合同制度或者国有企业改制重新订立劳动合同时,劳动者在该用人单位连续工作满十年且距法定退休年龄不足十年的;

(三)连续订立二次固定期限劳动合同,且劳动者没有本法第三十九条和第四十条第一项、第二项规定的情形,续订劳动合同的。

用人单位自用工之日起满一年不与劳动者订立书面劳动合同的,视为用人单位与劳动者已订立无固定期限劳动合同。

第十五条 以完成一定工作任务为期限的劳动合同,是指用人单位与劳动者约定以某项工作的完成为合同期限的劳动合同。

用人单位与劳动者协商一致,可以订立以完成一定工作任务为期限的劳动合同。

第十六条 劳动合同由用人单位与劳动者协商一致,并经用人单位与劳动者在劳动合同文本上签字或者盖章生效。

劳动合同文本由用人单位和劳动者各执一份。

第十七条 劳动合同应当具备以下条款:

(一)用人单位的名称、住所和法定代表人或者主要负责人;

（二）劳动者的姓名、住址和居民身份证或者其他有效身份证件号码；

（三）劳动合同期限；

（四）工作内容和工作地点；

（五）工作时间和休息休假；

（六）劳动报酬；

（七）社会保险；

（八）劳动保护、劳动条件和职业危害防护；

（九）法律、法规规定应当纳入劳动合同的其他事项。

劳动合同除前款规定的必备条款外，用人单位与劳动者可以约定试用期、培训、保守秘密、补充保险和福利待遇等其他事项。

第十八条 劳动合同对劳动报酬和劳动条件等标准约定不明确，引发争议的，用人单位与劳动者可以重新协商；协商不成的，适用集体合同规定；没有集体合同或者集体合同未规定劳动报酬的，实行同工同酬；没有集体合同或者集体合同未规定劳动条件等标准的，适用国家有关规定。

第十九条 劳动合同期限三个月以上不满一年的，试用期不得超过一个月；劳动合同期限一年以上不满三年的，试用期不得超过二个月；三年以上固定期限和无固定期限的劳动合同，试用期不得超过六个月。

同一用人单位与同一劳动者只能约定一次试用期。

以完成一定工作任务为期限的劳动合同或者劳动合同期限不满三个月的，不得约定试用期。

试用期包含在劳动合同期限内。劳动合同仅约定试用期的，试用期不成立，该期限为劳动合同期限。

第二十条 劳动者在试用期的工资不得低于本单位相同岗位最低档工资或者劳动合同约定工资的百分之八十，并不得低于用人单位所在地的最低工资标准。

第二十一条 在试用期中，除劳动者有本法第三十九条和第四十条第一项、第二项规定的情形外，用人单位不得解除劳动合同。用人单位在试用期解除劳动合同的，应当向劳动者说明理由。

第二十二条 用人单位为劳动者提供专项培训费用，对其进行专业技术培训的，可以与该劳动者订立协议，约定服务期。

劳动者违反服务期约定的，应当按照约定向用人单位支付违约金。违约金的数额不得超过用人单位提供的培训费用。用人单位要求劳动者支付的违约金不得超过服务期尚未履行部分所应分摊的培训费用。

用人单位与劳动者约定服务期的，不影响按照正常的工资调整机制提高劳动者在服务期期间的劳动报酬。

第二十三条 用人单位与劳动者可以在劳动合同中约定保守用人单位的商业秘密和与知识产权相关的保密事项。

对负有保密义务的劳动者，用人单位可以在劳动合同或者保密协议中与劳动者约定竞业限制条款，并约定在解除或者终止劳动合同后，在竞业限制期限内按月给予劳动者经济补偿。劳动者违反竞业限制约定的，应当按照约定向用人单位支付违约金。

第二十四条 竞业限制的人员限于用人单位的高级管理人员、高级技术人员和其他负有保密义务的人员。竞业限制的范围、地域、期限由用人单位与劳动者约定，竞业限制的约定不得违反法律、法规的规定。

在解除或者终止劳动合同后,前款规定的人员到与本单位生产或者经营同类产品、从事同类业务的有竞争关系的其他用人单位,或者自己开业生产或者经营同类产品、从事同类业务的竞业限制期限,不得超过二年。

第二十五条 除本法第二十二条和第二十三条规定的情形外,用人单位不得与劳动者约定由劳动者承担违约金。

第二十六条 下列劳动合同无效或者部分无效:

(一)以欺诈、胁迫的手段或者乘人之危,使对方在违背真实意思的情况下订立或者变更劳动合同的;

(二)用人单位免除自己的法定责任、排除劳动者权利的;

(三)违反法律、行政法规强制性规定的。

对劳动合同的无效或者部分无效有争议的,由劳动争议仲裁机构或者人民法院确认。

第二十七条 劳动合同部分无效,不影响其他部分效力的,其他部分仍然有效。

第二十八条 劳动合同被确认无效,劳动者已付出劳动的,用人单位应当向劳动者支付劳动报酬。劳动报酬的数额,参照本单位相同或者相近岗位劳动者的劳动报酬确定。

第三章 劳动合同的履行和变更

第二十九条 用人单位与劳动者应当按照劳动合同的约定,全面履行各自的义务。

第三十条 用人单位应当按照劳动合同约定和国家规定,向劳动者及时足额支付劳动报酬。

用人单位拖欠或者未足额支付劳动报酬的,劳动者可以依法向当地人民法院申请支付令,人民法院应当依法发出支付令。

第三十一条 用人单位应当严格执行劳动定额标准,不得强迫或者变相强迫劳动者加班。用人单位安排加班的,应当按照国家有关规定向劳动者支付加班费。

第三十二条 劳动者拒绝用人单位管理人员违章指挥、强令冒险作业的,不视为违反劳动合同。

劳动者对危害生命安全和身体健康的劳动条件,有权对用人单位提出批评、检举和控告。

第三十三条 用人单位变更名称、法定代表人、主要负责人或者投资人等事项,不影响劳动合同的履行。

第三十四条 用人单位发生合并或者分立等情况,原劳动合同继续有效,劳动合同由承继其权利和义务的用人单位继续履行。

第三十五条 用人单位与劳动者协商一致,可以变更劳动合同约定的内容。变更劳动合同,应当采用书面形式。

变更后的劳动合同文本由用人单位和劳动者各执一份。

第四章 劳动合同的解除和终止

第三十六条 用人单位与劳动者协商一致,可以解除劳动合同。

第三十七条 劳动者提前三十日以书面形式通知用人单位,可以解除劳动合同。劳动者在试用期内提前三日通知用人单位,可以解除劳动合同。

第三十八条 用人单位有下列情形之一的,劳动者可以解除劳动合同:

(一)未按照劳动合同约定提供劳动保护或者劳动条件的;

(二)未及时足额支付劳动报酬的;

(三)未依法为劳动者缴纳社会保险费的;

(四)用人单位的规章制度违反法律、法规的规定,损害劳动者权益的;

(五)因本法第二十六条第一款规定的情形致使劳动合同无效的;

(六)法律、行政法规规定劳动者可以解除劳动合同的其他情形。

用人单位以暴力、威胁或者非法限制人身自由的手段强迫劳动者劳动的,或者用人单位违章指挥、强令冒险作业危及劳动者人身安全的,劳动者可以立即解除劳动合同,不需事先告知用人单位。

第三十九条 劳动者有下列情形之一的,用人单位可以解除劳动合同:

(一)在试用期间被证明不符合录用条件的;

(二)严重违反用人单位的规章制度的;

(三)严重失职,营私舞弊,给用人单位造成重大损害的;

(四)劳动者同时与其他用人单位建立劳动关系,对完成本单位的工作任务造成严重影响,或者经用人单位提出,拒不改正的;

(五)因本法第二十六条第一款第一项规定的情形致使劳动合同无效的;

(六)被依法追究刑事责任的。

第四十条 有下列情形之一的,用人单位提前三十日以书面形式通知劳动者本人或者额外支付劳动者一个月工资后,可以解除劳动合同:

(一)劳动者患病或者非因工负伤,在规定的医疗期满后不能从事原工作,也不能从事由用人单位另行安排的工作的;

(二)劳动者不能胜任工作,经过培训或者调整工作岗位,仍不能胜任工作的;

(三)劳动合同订立时所依据的客观情况发生重大变化,致使劳动合同无法履行,经用人单位与劳动者协商,未能就变更劳动合同内容达成协议的。

第四十一条 有下列情形之一,需要裁减人员二十人以上或者裁减不足二十人但占企业职工总数百分之十以上的,用人单位提前三十日向工会或者全体职工说明情况,听取工会或者职工的意见后,裁减人员方案经向劳动行政部门报告,可以裁减人员:

(一)依照企业破产法规定进行重整的;

(二)生产经营发生严重困难的;

(三)企业转产、重大技术革新或者经营方式调整,经变更劳动合同后,仍需裁减人员的;

(四)其他因劳动合同订立时所依据的客观经济情况发生重大变化,致使劳动合同无法履行的。

裁减人员时,应当优先留用下列人员:

(一)与本单位订立较长期限的固定期限劳动合同的;

(二)与本单位订立无固定期限劳动合同的;

(三)家庭无其他就业人员,有需要扶养的老人或者未成年人的。

用人单位依照本条第一款规定裁减人员,在六个月内重新招用人员的,应当通知被裁减的人员,并在同等条件下优先招用被裁减的人员。

第四十二条 劳动者有下列情形之一的,用人单位不得依照本法第四十条、第四十一条的规定解除劳动合同：

（一）从事接触职业病危害作业的劳动者未进行离岗前职业健康检查，或者疑似职业病病人在诊断或者医学观察期间的；

（二）在本单位患职业病或者因工负伤并被确认丧失或者部分丧失劳动能力的；

（三）患病或者非因工负伤，在规定的医疗期内的；

（四）女职工在孕期、产期、哺乳期的；

（五）在本单位连续工作满十五年，且距法定退休年龄不足五年的；

（六）法律、行政法规规定的其他情形。

第四十三条 用人单位单方解除劳动合同，应当事先将理由通知工会。用人单位违反法律、行政法规规定或者劳动合同约定的，工会有权要求用人单位纠正。用人单位应当研究工会的意见，并将处理结果书面通知工会。

第四十四条 有下列情形之一的，劳动合同终止：

（一）劳动合同期满的；

（二）劳动者开始依法享受基本养老保险待遇的；

（三）劳动者死亡，或者被人民法院宣告死亡或者宣告失踪的；

（四）用人单位被依法宣告破产的；

（五）用人单位被吊销营业执照、责令关闭、撤销或者用人单位决定提前解散的；

（六）法律、行政法规规定的其他情形。

第四十五条 劳动合同期满，有本法第四十二条规定情形之一的，劳动合同应当续延至相应的情形消失时终止。但是，本法第四十二条第二项规定丧失或者部分丧失劳动能力劳动者的劳动合同的终止，按照国家有关工伤保险的规定执行。

第四十六条 有下列情形之一的，用人单位应当向劳动者支付经济补偿：

（一）劳动者依照本法第三十八条规定解除劳动合同的；

（二）用人单位依照本法第三十六条规定向劳动者提出解除劳动合同并与劳动者协商一致解除劳动合同的；

（三）用人单位依照本法第四十条规定解除劳动合同的；

（四）用人单位依照本法第四十一条第一款规定解除劳动合同的；

（五）除用人单位维持或者提高劳动合同约定条件续订劳动合同，劳动者不同意续订的情形外，依照本法第四十四条第一项规定终止固定期限劳动合同的；

（六）依照本法第四十四条第四项、第五项规定终止劳动合同的；

（七）法律、行政法规规定的其他情形。

第四十七条 经济补偿按劳动者在本单位工作的年限，每满一年支付一个月工资的标准向劳动者支付。六个月以上不满一年的，按一年计算；不满六个月的，向劳动者支付半个月工资的经济补偿。

劳动者月工资高于用人单位所在直辖市、设区的市级人民政府公布的本地区上年度职工月平均工资三倍的，向其支付经济补偿的标准按职工月平均工资三倍的数额支付，向其支付经济补偿的年限最高不超过十二年。

本条所称月工资是指劳动者在劳动合同解除或者终止前十二个月的平均工资。

第四十八条 用人单位违反本法规定解除或者终止劳动合同，劳动者要求继续履行劳动合同的，用人单位应当继续履行；劳动者不要求继续履行劳动合同或者劳动合同已经不能继续履行的，用人单位应当依照本法第八十七条规定支付赔偿金。

第四十九条 国家采取措施,建立健全劳动者社会保险关系跨地区转移接续制度。

第五十条 用人单位应当在解除或者终止劳动合同时出具解除或者终止劳动合同的证明,并在十五日内为劳动者办理档案和社会保险关系转移手续。

劳动者应当按照双方约定,办理工作交接。用人单位依照本法有关规定应当向劳动者支付经济补偿的,在办结工作交接时支付。

用人单位对已经解除或者终止的劳动合同的文本,至少保存二年备查。

第五章 特别规定

第一节 集体合同

第五十一条 企业职工一方与用人单位通过平等协商,可以就劳动报酬、工作时间、休息休假、劳动安全卫生、保险福利等事项订立集体合同。集体合同草案应当提交职工代表大会或者全体职工讨论通过。

集体合同由工会代表企业职工一方与用人单位订立;尚未建立工会的用人单位,由上级工会指导劳动者推举的代表与用人单位订立。

第五十二条 企业职工一方与用人单位可以订立劳动安全卫生、女职工权益保护、工资调整机制等专项集体合同。

第五十三条 在县级以下区域内,建筑业、采矿业、餐饮服务业等行业可以由工会与企业方面代表订立行业性集体合同,或者订立区域性集体合同。

第五十四条 集体合同订立后,应当报送劳动行政部门;劳动行政部门自收到集体合同文本之日起十五日内未提出异议的,集体合同即行生效。

依法订立的集体合同对用人单位和劳动者具有约束力。行业性、区域性集体合同对当地本行业、本区域的用人单位和劳动者具有约束力。

第五十五条 集体合同中劳动报酬和劳动条件等标准不得低于当地人民政府规定的最低标准;用人单位与劳动者订立的劳动合同中劳动报酬和劳动条件等标准不得低于集体合同规定的标准。

第五十六条 用人单位违反集体合同,侵犯职工劳动权益的,工会可以依法要求用人单位承担责任;因履行集体合同发生争议,经协商解决不成的,工会可以依法申请仲裁、提起诉讼。

第二节 劳务派遣

第五十七条 经营劳务派遣业务应当具备下列条件:

(一)注册资本不得少于人民币二百万元;

(二)有与开展业务相适应的固定的经营场所和设施;

(三)有符合法律、行政法规规定的劳务派遣管理制度;

(四)法律、行政法规规定的其他条件。

经营劳务派遣业务,应当向劳动行政部门依法申请行政许可;经许可的,依法办理相应的公司登记。未经许可,任何单位和个人不得经营劳务派遣业务。

第五十八条 劳务派遣单位是本法所称用人单位,应当履行用人单位对劳动者的义务。劳务派遣单位与被派遣劳动者订立的劳动合同,除应当载明本法第十七条规定的事项外,还应当载明被派遣劳动者的用工单位以及派遣期限、工作岗位等情况。

劳务派遣单位应当与被派遣劳动者订立二年以上的固定期限劳动合同,按月支付劳动报酬;被派遣劳动者在无工作期间,劳务派遣单位应当按照所在地人民政府规定的最低工资标准,向其按月支付报酬。

第五十九条 劳务派遣单位派遣劳动者应当与接受以劳务派遣形式用工的单位(以下称用工单位)订立劳务派遣协议。劳务派遣协议应当约定派遣岗位和人员数量、派遣期限、劳动报酬和社会保险费的数额与支付方式以及违反协议的责任。

用工单位应当根据工作岗位的实际需要与劳务派遣单位确定派遣期限,不得将连续用工期限分割订立数个短期劳务派遣协议。

第六十条 劳务派遣单位应当将劳务派遣协议的内容告知被派遣劳动者。

劳务派遣单位不得克扣用工单位按照劳务派遣协议支付给被派遣劳动者的劳动报酬。

劳务派遣单位和用工单位不得向被派遣劳动者收取费用。

第六十一条 劳务派遣单位跨地区派遣劳动者的,被派遣劳动者享有的劳动报酬和劳动条件,按照用工单位所在地的标准执行。

第六十二条 用工单位应当履行下列义务:

(一)执行国家劳动标准,提供相应的劳动条件和劳动保护;

(二)告知被派遣劳动者的工作要求和劳动报酬;

(三)支付加班费、绩效奖金,提供与工作岗位相关的福利待遇;

(四)对在岗被派遣劳动者进行工作岗位所必需的培训;

(五)连续用工的,实行正常的工资调整机制。

用工单位不得将被派遣劳动者再派遣到其他用人单位。

第六十三条 被派遣劳动者享有与用工单位的劳动者同工同酬的权利。用工单位应当按照同工同酬原则,对被派遣劳动者与本单位同类岗位的劳动者实行相同的劳动报酬分配办法。用工单位无同类岗位劳动者的,参照用工单位所在地相同或者相近岗位劳动者的劳动报酬确定。

劳务派遣单位与被派遣劳动者订立的劳动合同和与用工单位订立的劳务派遣协议,载明或者约定的向被派遣劳动者支付的劳动报酬应当符合前款规定。

第六十四条 被派遣劳动者有权在劳务派遣单位或者用工单位依法参加或者组织工会,维护自身的合法权益。

第六十五条 被派遣劳动者可以依照本法第三十六条、第三十八条的规定与劳务派遣单位解除劳动合同。

被派遣劳动者有本法第三十九条和第四十条第一项、第二项规定情形的,用工单位可以将劳动者退回劳务派遣单位,劳务派遣单位依照本法有关规定,可以与劳动者解除劳动合同。

第六十六条 劳动合同用工是我国的企业基本用工形式。劳务派遣用工是补充形式,只能在临时性、辅助性或者替代性的工作岗位上实施。

前款规定的临时性工作岗位是指存续时间不超过六个月的岗位;辅助性工作岗位是指为主营业务岗位提供服务的非主营业务岗位;替代性工作岗位是指用工单位的劳动者因脱产学习、休假等原因无法工作的一定期间内,可以由其他劳动者替代工作的岗位。

用工单位应当严格控制劳务派遣用工数量,不得超过其用工总量的一定比例,具体比例由国务院劳动行政部门规定。

　　第六十七条　用人单位不得设立劳务派遣单位向本单位或者所属单位派遣劳动者。

第三节　非全日制用工

　　第六十八条　非全日制用工,是指以小时计酬为主,劳动者在同一用人单位一般平均每日工作时间不超过四小时,每周工作时间累计不超过二十四小时的用工形式。

　　第六十九条　非全日制用工双方当事人可以订立口头协议。

　　从事非全日制用工的劳动者可以与一个或者一个以上用人单位订立劳动合同;但是,后订立的劳动合同不得影响先订立的劳动合同的履行。

　　第七十条　非全日制用工双方当事人不得约定试用期。

　　第七十一条　非全日制用工双方当事人任何一方都可以随时通知对方终止用工。终止用工,用人单位不向劳动者支付经济补偿。

　　第七十二条　非全日制用工小时计酬标准不得低于用人单位所在地人民政府规定的最低小时工资标准。

　　非全日制用工劳动报酬结算支付周期最长不得超过十五日。

第六章　监督检查

　　第七十三条　国务院劳动行政部门负责全国劳动合同制度实施的监督管理。

　　县级以上地方人民政府劳动行政部门负责本行政区域内劳动合同制度实施的监督管理。

　　县级以上各级人民政府劳动行政部门在劳动合同制度实施的监督管理工作中,应当听取工会、企业方面代表以及有关行业主管部门的意见。

　　第七十四条　县级以上地方人民政府劳动行政部门依法对下列实施劳动合同制度的情况进行监督检查:

　　(一)用人单位制定直接涉及劳动者切身利益的规章制度及其执行的情况;

　　(二)用人单位与劳动者订立和解除劳动合同的情况;

　　(三)劳务派遣单位和用工单位遵守劳务派遣有关规定的情况;

　　(四)用人单位遵守国家关于劳动者工作时间和休息休假规定的情况;

　　(五)用人单位支付劳动合同约定的劳动报酬和执行最低工资标准的情况;

　　(六)用人单位参加各项社会保险和缴纳社会保险费的情况;

　　(七)法律、法规规定的其他劳动监察事项。

　　第七十五条　县级以上地方人民政府劳动行政部门实施监督检查时,有权查阅与劳动合同、集体合同有关的材料,有权对劳动场所进行实地检查,用人单位和劳动者都应当如实提供有关情况和材料。

　　劳动行政部门的工作人员进行监督检查,应当出示证件,依法行使职权,文明执法。

　　第七十六条　县级以上人民政府建设、卫生、安全生产监督管理等有关主管部门在各自职责范围内,对用人单位执行劳动合同制度的情况进行监督管理。

　　第七十七条　劳动者合法权益受到侵害的,有权要求有关部门依法处理,或者依法申请仲裁、提起诉讼。

　　第七十八条　工会依法维护劳动者的合法权益,对用人单位履行劳动合同、集体合同的情况进行监督。用人单位违反劳动法律、法规和劳动合同、集体合同的,工会有权提出意见或者要求纠正;劳动者申请仲裁、提起诉讼的,工会依法给予支持和帮助。

第七十九条 任何组织或者个人对违反本法的行为都有权举报,县级以上人民政府劳动行政部门应当及时核实、处理,并对举报有功人员给予奖励。

第七章 法律责任

第八十条 用人单位直接涉及劳动者切身利益的规章制度违反法律、法规规定的,由劳动行政部门责令改正,给予警告;给劳动者造成损害的,应当承担赔偿责任。

第八十一条 用人单位提供的劳动合同文本未载明本法规定的劳动合同必备条款或者用人单位未将劳动合同文本交付劳动者的,由劳动行政部门责令改正;给劳动者造成损害的,应当承担赔偿责任。

第八十二条 用人单位自用工之日起超过一个月不满一年未与劳动者订立书面劳动合同的,应当向劳动者每月支付二倍的工资。

用人单位违反本法规定不与劳动者订立无固定期限劳动合同的,自应当订立无固定期限劳动合同之日起向劳动者每月支付二倍的工资。

第八十三条 用人单位违反本法规定与劳动者约定试用期的,由劳动行政部门责令改正;违法约定的试用期已经履行的,由用人单位以劳动者试用期满月工资为标准,按已经履行的超过法定试用期的期间向劳动者支付赔偿金。

第八十四条 用人单位违反本法规定,扣押劳动者居民身份证等证件的,由劳动行政部门责令限期退还劳动者本人,并依照有关法律规定给予处罚。

用人单位违反本法规定,以担保或者其他名义向劳动者收取财物的,由劳动行政部门责令限期退还劳动者本人,并以每人五百元以上二千元以下的标准处以罚款;给劳动者造成损害的,应当承担赔偿责任。

劳动者依法解除或者终止劳动合同,用人单位扣押劳动者档案或者其他物品的,依照前款规定处罚。

第八十五条 用人单位有下列情形之一的,由劳动行政部门责令限期支付劳动报酬、加班费或者经济补偿;劳动报酬低于当地最低工资标准的,应当支付其差额部分;逾期不支付的,责令用人单位按应付金额百分之五十以上百分之一百以下的标准向劳动者加付赔偿金:

(一)未按照劳动合同的约定或者国家规定及时足额支付劳动者劳动报酬的;

(二)低于当地最低工资标准支付劳动者工资的;

(三)安排加班不支付加班费的;

(四)解除或者终止劳动合同,未依照本法规定向劳动者支付经济补偿的。

第八十六条 劳动合同依照本法第二十六条规定被确认无效,给对方造成损害的,有过错的一方应当承担赔偿责任。

第八十七条 用人单位违反本法规定解除或者终止劳动合同的,应当依照本法第四十七条规定的经济补偿标准的二倍向劳动者支付赔偿金。

第八十八条 用人单位有下列情形之一的,依法给予行政处罚;构成犯罪的,依法追究刑事责任;给劳动者造成损害的,应当承担赔偿责任:

(一)以暴力、威胁或者非法限制人身自由的手段强迫劳动的;

(二)违章指挥或者强令冒险作业危及劳动者人身安全的;

(三)侮辱、体罚、殴打、非法搜查或者拘禁劳动者的;

（四）劳动条件恶劣、环境污染严重，给劳动者身心健康造成严重损害的。

第八十九条　用人单位违反本法规定未向劳动者出具解除或者终止劳动合同的书面证明，由劳动行政部门责令改正；给劳动者造成损害的，应当承担赔偿责任。

第九十条　劳动者违反本法规定解除劳动合同，或者违反劳动合同中约定的保密义务或者竞业限制，给用人单位造成损失的，应当承担赔偿责任。

第九十一条　用人单位招用与其他用人单位尚未解除或者终止劳动合同的劳动者，给其他用人单位造成损失的，应当承担连带赔偿责任。

第九十二条　违反本法规定，未经许可，擅自经营劳务派遣业务的，由劳动行政部门责令停止违法行为，没收违法所得，并处违法所得一倍以上五倍以下的罚款；没有违法所得的，可以处五万元以下的罚款。

劳务派遣单位、用工单位违反本法有关劳务派遣规定的，由劳动行政部门责令限期改正；逾期不改正的，以每人五千元到一万元的标准处以罚款，对劳务派遣单位，吊销其劳务派遣业务经营许可证。用工单位给被派遣劳动者造成损害的，劳务派遣单位与用工单位承担连带赔偿责任。

第九十三条　对不具备合法经营资格的用人单位的违法犯罪行为，依法追究法律责任；劳动者已经付出劳动的，该单位或者其出资人应当依照本法有关规定向劳动者支付劳动报酬、经济补偿、赔偿金；给劳动者造成损害的，应当承担赔偿责任。

第九十四条　个人承包经营违反本法规定招用劳动者，给劳动者造成损害的，发包的组织与个人承包经营者承担连带赔偿责任。

第九十五条　劳动行政部门和其他有关主管部门及其工作人员玩忽职守、不履行法定职责，或者违法行使职权，给劳动者或者用人单位造成损害的，应当承担赔偿责任；对直接负责的主管人员和其他直接责任人员，依法给予行政处分；构成犯罪的，依法追究刑事责任。

第八章　附则

第九十六条　事业单位与实行聘用制的工作人员订立、履行、变更、解除或者终止劳动合同，法律、行政法规或者国务院另有规定的，依照其规定；未作规定的，依照本法有关规定执行。

第九十七条　本法施行前已依法订立且在本法施行之日存续的劳动合同，继续履行；本法第十四条第二款第三项规定连续订立固定期限劳动合同的次数，自本法施行后续订固定期限劳动合同时开始计算。

本法施行前已建立劳动关系，尚未订立书面劳动合同的，应当自本法施行之日起一个月内订立。

本法施行之日存续的劳动合同在本法施行后解除或者终止，依照本法第四十六条规定应当支付经济补偿的，经济补偿年限自本法施行之日起计算；本法施行前按照当时有关规定，用人单位应当向劳动者支付经济补偿的，按照当时有关规定执行。

第九十八条　本法自 2008 年 1 月 1 日起施行。

（注：修订条款自 2013 年 7 月 1 日起施行）

《劳动合同》范本

甲方(用人单位)名称:＿＿＿＿＿＿＿＿＿＿＿＿＿＿＿＿＿＿＿＿＿

住所:＿＿＿＿＿＿＿＿＿＿＿＿＿＿＿＿＿＿＿＿＿＿＿＿＿＿＿＿＿＿

法定代表人(委托代表人):＿＿＿＿＿＿＿＿＿＿＿＿＿＿＿＿＿＿＿＿

主要负责人(委托代表人):＿＿＿＿＿＿＿＿＿＿＿＿＿＿＿＿＿＿＿＿

乙方(劳动者)姓名:＿＿＿＿＿＿＿＿＿＿＿＿＿＿＿＿＿＿＿＿＿＿＿

性别:＿＿＿＿＿＿＿＿＿＿＿＿＿＿＿＿＿＿＿＿＿＿＿＿＿＿＿＿＿＿

出生年月:＿＿＿＿＿＿＿＿＿＿＿＿＿＿＿＿＿＿＿＿＿＿＿＿＿＿＿＿

家庭住址:＿＿＿＿＿＿＿＿＿＿＿＿＿＿＿＿＿＿＿＿＿＿＿＿＿＿＿＿

居民身份证号码(或其他有效身份证件号码):＿＿＿＿＿＿＿＿＿＿＿＿

甲、乙双方根据《中华人民共和国劳动法》《中华人民共和国劳动合同法》等法律、法规、规章的规定,在平等自愿、协商一致的基础上,同意订立本劳动合同,共同遵守本合同所列条款。

一、合同期限

第一条 甲、乙双方选择以下第＿＿＿＿＿种形式确定本合同期限。

(一)固定期限:自＿＿＿年＿＿＿月＿＿＿日起至＿＿＿年＿＿＿月＿＿＿日止。

(二)无固定期限:自＿＿＿年＿＿＿月＿＿＿日起至法定的或本合同所约定的终止条件出现时止。

(三)以完成一定的工作任务为期限:自＿＿＿年＿＿＿月＿＿＿日起至＿＿＿＿工作任务完成时即行终止。

其中,试用期自＿＿＿年＿＿＿月＿＿＿日起至＿＿＿年＿＿＿月＿＿＿日止,期限为＿＿＿＿天。

二、工作内容和工作地点

第二条 根据甲方工作需要,乙方同意从事＿＿＿＿岗位(工种)工作。经甲、乙双方协商同意,可以变更工作岗位(工种)。

第三条 乙方应按照甲方的要求,按时完成规定的工作数量,达到规定的质量标准。

第四条 乙方同意在甲方安排的工作地点＿＿＿＿从事工作。根据甲方的工作需要,经甲、乙双方协商同意,可以变更工作地点。

三、工作时间和休息休假

第五条 乙方实行＿＿＿＿工时制。

(一)实行标准工时工作制的,甲方安排乙方每日工作时间不超过八小时,每周不超过四十小时。甲方由于工作需要,经与工会和乙方协商后可以延长工作时间,一般每日不得超过一小时。因特殊原因需要延长工作时间的,在保障乙方身体健康的条件下延长工作时间每日不得超过三小时,每月不得超过三十六小时。

（二）实行综合计算工时工作制的,平均每日工作时间不得超过八小时,平均周工作时间不得超过四十小时。

（三）实行不定时工作制的,工作时间和休息休假,乙方自行安排。

第六条　甲方延长乙方工作时间的,应依法安排乙方同等时间补休或支付加班加点工资。

第七条　乙方在合同期内享受国家规定的各项休息、休假的权利;甲方应保证乙方每周至少休息一天。

四、劳动保护和劳动条件

第八条　甲方应严格执行国家和地方有关劳动保护的法律、法规和规章,为乙方提供必要的劳动条件和劳动工具,建立健全生产工艺流程,制定操作规程、工作规范和劳动安全卫生制度及其标准。

第九条　对乙方从事接触职业病危害的作业的,甲方应按国家有关规定组织上岗前和离岗时的职业健康检查,在合同期内应定期对乙方进行职业健康检查。

第十条　甲方有义务负责对乙方进行政治思想、职业道德、业务技术、劳动安全卫生及有关规章制度的教育和培训。

第十一条　乙方有权拒绝甲方的违章指挥,对甲方及其管理人员漠视乙方安全健康的行为,有权提出批评并向有关部门检举控告。

五、劳动报酬

第十二条　乙方试用期的工资标准为_____元/月。（试用期的工资不得低于本单位相同岗位最低档工资或者本合同第十三条约定工资的80%,并不得低于用人单位所在地的最低工资标准）

第十三条　乙方试用期满后,甲方应根据本单位的工资制度,确定乙方实行以下第_____种工资形式:

（一）计时工资。由以下几部分组成:_____、_____、_____、_____;其标准分别为_____元/月、_____元/月、_____元/月、_____元/月。若甲方的工资制度发生变化或乙方工作岗位变动,按新的工资标准确定。

（二）计件工资。甲方应制定科学合理的劳动定额标准,计件单价约定为_____元。

（三）其他工资形式。具体约定,在本合同第四十四条中明确。

第十四条　甲方应以法定货币形式按月支付乙方工资,发薪日为每月_____日,不得克扣或无故拖欠。甲方支付乙方的工资,应不违反国家有关最低工资的规定。

第十五条　甲方安排乙方延长日工作时间,应支付不低于乙方工资150%的工资报酬;安排乙方在休息日工作又不能安排补休的,应支付不低于乙方工资200%的工资报酬;安排乙方在法定休假日工作的,应支付不低于乙方工资300%的工资报酬。

第十六条　非因乙方原因造成甲方停工、停产、歇业,未超过一个月的,甲方应按本合同约定的工资标准支付乙方工资;超过一个月,未安排乙方工作的,甲方应按不低于当地失业保险标准支付乙方停工生活费。

第十七条　甲方安排乙方每日22时到次日6时工作的,每个工作日夜班补贴为_____元。

第十八条　乙方依法享受年休假、探亲假、丧假等期间,甲方应按国家和地方有关规定标准,或劳动合同约定的标准,支付乙方工资。

六、社会保险和福利待遇

第十九条 甲方应按国家和地方有关社会保险的法律、法规和政策规定,为乙方缴纳基本养老、基本医疗、失业、工伤、生育保险费;社会保险费个人缴纳部分,甲方可从乙方工资中代扣代缴。

甲、乙双方解除、终止劳动合同时,甲方应按有关规定为乙方办理社会保险相关手续。

第二十条 乙方患病或非因工负伤的医疗待遇按照国家和地方有关政策规定执行。

第二十一条 乙方工伤待遇按国家和地方有关政策法规规定执行。

第二十二条 乙方在孕期、产期、哺乳期内等各项待遇,按照国家和地方有关生育保险政策规定执行。

第二十三条 甲方为乙方提供以下福利待遇:

1. _____

2. _____

3. _____

七、劳动纪律和规章制度

第二十四条 甲方依法规定的各项规章制度应向乙方公示。

第二十五条 乙方应严格遵守甲方制定的规章制度,完成劳动任务,提高职业技能,执行劳动安全卫生规程,遵守劳动纪律和职业道德。

第二十六条 乙方违反劳动纪律,甲方可依据本单位规章制度,给予相应的行政处理、行政处分、经济处罚等,直至解除本合同。

八、劳动合同的变更、解除、终止、续订

第二十七条 订立本合同所依据的客观情况发生重大变化,致使本合同无法履行的,经甲、乙双方协商同意,可以变更本合同相关内容。

第二十八条 经甲、乙双方协商一致,本合同可以解除。

第二十九条 乙方有下列情形之一,甲方可以解除本合同:

1.在试用期间,被证明不符合录用条件的;

录用条件为:

(1)_____

(2)_____

(3)_____

2.严重违反劳动纪律或甲方规章制度的;

3.严重失职、营私舞弊,对甲方利益造成重大损害的;

4.同时与其他用人单位建立劳动关系,对完成甲方工作任务造成严重影响,或者经甲方提出,拒不改正的;

5.以欺诈、胁迫的手段或者乘人之危,使甲方在违背真实意思的情况下订立或者变更劳动合同的;

6.被依法追究刑事责任的。

第三十条 下列情形之一,甲方可以解除本合同,但应提前三十日以书面形式通知乙方:

1.乙方患病或非因工负伤,医疗期满后,不能从事原工作也不能从事甲方另行安排的工

作的；

　　2.乙方不能胜任工作,经过培训或者调整工作岗位,仍不能胜任工作的；

　　3.双方不能依据本合同第二十七条规定就变更合同达成协议的。

　　第三十一条　甲方濒临破产进行法定整顿期间或者生产经营发生严重困难(地方政府规定的困难企业标准),经向工会或者全体职工说明情况,听取工会或者职工的意见,并向劳动保障行政部门报告后,可以解除本合同。

　　第三十二条　乙方有下列情形之一,甲方不得依据本合同第三十条、第三十一条终止、解除本合同：

　　1.从事接触职业病危害作业未进行离岗前职业健康检查或者疑似职业病人在诊断或者医学观察期间的；

　　2.患职业病或因工负伤达到国家规定不得终止、解除劳动合同等级的；

　　3.患病或非因公负伤,在规定的医疗期内的；

　　4.女职工在孕期、产期、哺乳期内的；

　　5.复员退伍义务兵和建设征地农转工人员初次参加工作未满三年的；

　　6.义务服兵役期间的；

　　7.在甲方连续工作满十五年,且距法定退休年龄不足五年的；

　　8.单位集体协商代表在履行代表职责的；

　　9.符合法律、法规规定的其他情况的。

　　第三十三条　有下列情形之一,乙方可以随时通知甲方解除本合同,甲方应当支付乙方相应的劳动报酬并依法缴纳社会保险。

　　1.用人单位未按照劳动合同约定提供劳动保护或者劳动条件的；

　　2.用人单位未及时足额支付劳动报酬的；

　　3.用人单位未依法为劳动者缴纳社会保险的；

　　4.用人单位的规章制度违反法律、法规的规定,损害劳动者权益的；

　　5.用人单位因《中华人民共和国劳动合同法》第二十六条规定的情形致使劳动合同无效的；

　　6.法律、行政法规规定劳动者可以解除劳动合同的其他情形。

　　第三十四条　乙方解除劳动合同,应当提前三十日以书面形式通知甲方。

　　第三十五条　本合同期限到期,劳动合同即行终止。甲、乙双方经协商同意,可以续订劳动合同。

　　第三十六条　本合同期满后,双方仍存在劳动关系的,甲方应与乙方及时补签或续订劳动合同,双方就合同期限协商不一致时,补签或续订的合同期限应从签字之日起不得少于＿＿＿＿＿＿个月。乙方符合续订无固定期限劳动合同条件的,甲方应与其签订无固定期限劳动合同。

　　第三十七条　订立无固定期限劳动合同的,出现法定终止条件或甲、乙双方约定的下列终止条件出现,本合同终止。

_____

_____

_____

九、经济补偿与赔偿

　　第三十八条　甲方违反劳动合同的,应按下列标准支付乙方经济补偿金：

1. 甲方未按照劳动合同的约定或者国家规定及时足额支付劳动者劳动报酬的,以及安排加班不支付加班费的,除在规定的时间内全额支付乙方工资报酬外,还需按照应付金额的百分之五十以上百分之百以下的标准加付赔偿金。

2. 甲方支付乙方的工资报酬低于当地最低工资标准的,要在补足低于标准部分的同时,还需按照应付金额的百分之五十以上百分之百以下的标准加付赔偿金。

第三十九条　甲方解除乙方劳动合同,除本合同第二十九条规定情形外,甲方应按照《中华人民共和国劳动合同法》第四十七条的规定和地方有关规定支付乙方经济补偿金。

第四十条　乙方患病或者因非公负伤,经劳动能力鉴定委员会确认不能从事原工作,也不能从事甲方另行安排的工作而解除本合同的,甲方除按本合同第三十九条执行外,还应发给乙方不低于六个月工资的医疗补助费。患重病和绝症的还应增加医疗补助费,患重病的增加部分不低于医疗补助费的百分之五十,患绝症的增加部分不低于医疗补助费的百分之一百。

第四十一条　甲方发生故意拖延不与乙方续订劳动合同、与乙方订立无效劳动合同、违反规定或本合同约定侵害乙方合法权益以及解除劳动合同等情形之一的,给乙方造成损害,甲方应按下列规定赔偿乙方损失:

1. 造成乙方工资收入损失的,按乙方应得工资收入支付给乙方,并加付应得工资收入百分之五十以上百分之百以下的赔偿金;

2. 造成乙方劳动保护待遇损失的,应按国家规定补足乙方的劳动保护津贴和用品;

3. 造成乙方工伤、医疗待遇损失的,除按国家规定为乙方提供工伤、医疗待遇外,还应支付乙方相当于医疗费用百分之二十五的赔偿费用;

4. 乙方为女职工或未成年人,造成其身体健康损害的,除按国家规定提供治疗期间的医疗待遇外,还应支付相当于其医疗费用百分之二十五的赔偿费用。

第四十二条　乙方违反规定或本合同的约定解除劳动合同,对甲方造成损失的,乙方应赔偿甲方下列损失:

1. 甲方为其支付的培训费和招收录用费;

2. 对生产、经营和工作造成的直接经济损失;

3. 本合同约定的其他赔偿费用。

十、违反劳动合同的责任

第四十三条　当事人一方违反本合同时,应承担的违约责任有:

_____

_____

_____

十一、双方约定的其他事项

第四十四条

_____

_____

_____

十二、劳动争议处理

第四十五条　因履行本合同发生的劳动争议,当事人可以向本单位劳动争议调解委员会申请调解;不愿调解或调解不成,当事人一方要求仲裁的,应当自劳动争议发生之日起六十日内向_____劳动争议仲裁委员会申请仲裁。当事人一方也可以直接向劳动争议仲裁委员会申请仲裁。对裁决不服的,可以向人民法院提起诉讼。

十三、其他

第四十六条 以下专项协议和规章制度作为本合同的附件,与本合同具有同等法律效力。

(一)_____

(二)_____

(三)_____

第四十七条 本合同未尽事宜,双方可另协商解决;与国家法律、行政法规等有关规定相悖的,按有关规定执行。

第四十八条 本合同一式两份,甲、乙双方各执一份。

第四十九条 乙方确定下列地址为劳动关系管理相关文件、文书的送达地址,若以下地址发生变化,乙方应书面告知甲方。

_____

甲方:(盖章)

法定代表人(委托代理人):(签名)

主要负责人(委托代理人):(签名)

　　　　　　　　　　　　　　　　_____年_____月_____日

乙方:(签名)

　　　　　　　　　　　　　　　　_____年_____月_____日

鉴证机关:(盖章)鉴证人:(签章)

　　　　　　　　　　　　　　　　_____年_____月_____日

《员工手册》

一、概述

本手册的宗旨在于为××公司的员工提供有关公司及人力资源管理的政策程序,让您了解到可以享受的权利以及应该遵守的规则。

本手册主要涉及员工工作中常见之内容。若需要了解更多的内容,请与您的主管或人力资源部联系。

本手册中的内容若有变动,公司将在适当时候进行修订并予以公布。

本手册涉及之内容,仅供公司内部使用,手册中的任何内容不得提供给公司以外的人员。

员工应妥善保存此手册。一旦离开公司,应主动将手册归还人力资源部。

二、招聘录用规定

(一)目的

为统一管理和规范本公司录用工作的进行,特制定本规定。

(二)人员增补

各部门、各工厂因工作需要,需增补人员时,以部门、工厂为单位,提出人员增补申请,现场操作人员由各工厂定期拟订需要人数呈副总经理核准;其他人员呈总经理核准。经核准后方可增补人员。并且每月5日前,将上月份人员增补资料列表送至人力资源部。

(三)人员甄选主办

经核准增补人员的甄选,大专以上学历由公司人力资源部主办,高中及以下学历由各工厂人事专员及工厂负责人自办,并以公开招考为原则。主办部门核对报名应考人员资格,对不符合录用条件者,应委婉说明不被录用的原因。

(四)招聘

招聘原则上实行企业内部推荐制,若(名额)仍不满足,可招聘应届毕业生。特殊情况下,实行社会公开招聘。

(五)应聘提交资料

应聘者应提交的资料包括:亲笔履历书、有关证书、身份证、2寸近期免冠照片。

(六)甄选方法

甄选方法包括:笔试,面试,体检。笔试,主要对应聘者的一般知识和专业知识进行考查。面试,主要考察应聘者的学识、谈吐、能力、个人素质及适合的工种。体检,主要包括内科、外科、眼科等常规检查。

(七)考试小组的设置

为保证考试的公平、合理,须设立考试小组(非常设机构)。考试小组由指定的5~10人组成。小组工作的运行及分工另行规定。

（八）录用

第（六）条所规定的笔试和面试总成绩为良好、体检合格者，方能正式聘用。对有从业经历的应聘者，还必须对其之前任职的情况进行调查。

（九）报到提交资料

员工需要提供身份证、学历证明（大学本科及以上需提供毕业证书、学位证书）、婚姻状况证明、近期体检报告和免冠近照，并亲笔填报准确的个人资料。

（十）备案更改资料

员工需要确保提供的人事信息真实无误，若有变更应通知部门主管，并报人事部门备案。若因相关信息变更后未作及时通知和更正，造成信件、物件、资料等不能及时送达的，后果由员工自负。

（十一）资料虚假的后果

公司提倡正直诚实，并保留审查员工所提供个人资料的权利。若发现员工提供虚假资料，将视为严重违规行为，公司将对其终止试用或解除劳动合同。

（十二）报到程序

员工接到录用通知后，应在指定日期到录用单位报到，填写人员情况登记表，领取考勤卡、办公用品和资料等，与试用部门负责人见面，接受工作安排。

（十三）试用与转正

试用期一般不超过六个月。在此期间，如果员工感到公司实际状况、发展机会与预期有较大差距，或由于其他原因决定离开，可提前三天提出辞职，并按规定办理离职手续；相应的，如果员工的工作无法达到岗位要求，公司也会终止对其的试用。

若员工试用期考核合格，试用期过后，员工自动转正。

从公司离职后，重新再进入公司时，员工的工龄将从最近一次进入公司算起。

三、员工纪律

（一）总则

员工必须遵守公司颁布的各项规章制度。

（二）办公管理制度

1.上班时，仪表应保持整洁、大方、得体。有统一着装要求的，按规定执行。

2.上班时间员工应佩戴标识牌。转正后，公司将根据员工岗位需求制作标识牌及印制名片。

3.工作时间员工应坚守工作岗位，需暂时离开时应与同事交代；接待来访、业务洽谈要在会议室内进行。

4.注意保持清洁、良好的工作环境，提高工作效率，不要在工作区域进食或吸烟，不要聊天、高声喧哗。

5.员工上班期间不要在工作场所存放大量现金及贵重物品，以免造成不必要的损失。

（三）考勤制度

1.上班时间已到而未到岗者，即为迟到；未到下班时间而提前离岗者，即为早退；工作时间未经领导批准离开工作岗位者，即为擅离职守；迟到、早退或擅离职守超过 30 分钟，未经准假而不到班者，未亲自打卡或代替他人打卡者，均按旷工处理。

2.对有迟到、早退、擅离职守现象的员工，应进行教育。员工连续旷工超过七天，一年内累计旷工超过十五天者，视为严重违反公司考勤制度，给予解除劳动合同处分。

3.若因请假原因不能刷（打）卡，应及时填写请假单报本部门负责人签字，然后送人力资源部门备案。工作时间内,因公外出,不必填写请假条,但应向其主管报备,月底由各单位主管在工卡上签证。

4.请假应该遵循先请假后休息的原则,若遇特殊情况不能提前提交书面申请的,应该于上班时间 15 分钟内,致电所在部门直接主管或工厂车间主任,书面请假手续及相关医院出具的建议休息的有效证明必须于上班第一天提供。若事前未请假,事后补交病假单之类的一律无效。

5.请假须填写请假单。员工请假 1 天内,需经部门直接主管或工厂车间主任审批;员工请假 2 天以上 7 天以内的,除部门直接主管或工厂车间主任审批外,还需部门经理或工厂厂长审批;员工请假超过 7 天,除部门经理或工厂厂长审批外,还需主管副总经理审批。事假期间不发工资。请假员工获得批准并安排好工作后,才可离开工作岗位,同时请假单应交至人力资源部门备案。

6.因参加社会活动请假,需经领导批准给予公假,薪金照发。

7.旷工两天者,将扣年终奖 5%,之后旷工每增加一天,加扣年终奖 20%。

旷工天数	2 天	3 天	4 天	5 天	6 天	7 天及以上
扣年终奖的百分比	5%	25%	45%	65%	85%	100%

(四)工作相关责任

1.公司鼓励员工之间积极沟通交流,但切勿妨碍正常工作。

2.员工要经常留意告示板和个人邮箱信息,但切勿擅自张贴。

3.员工需要接受安全知识教育培训,学会紧急情况下的自救办法。在受到损伤或观察到某些危险情况时,要及时采取有效措施并通知部门负责人。

四、薪金

(一)发薪日期

公司按员工的实际工作天数支付薪金,付薪日期为每月 20 日,支付的是员工上月 26 日至本月 25 日的薪金。若付薪日遇节假日或休息日,则延迟到最近的工作日支付。公司将在每月付薪日前将薪金转入以员工个人名义开的银行账户内。

(二)薪金组成

员工薪金一般由岗位工资、绩效奖金和福利补贴三部分构成。公司根据经营效益、员工个人表现和业绩发放奖金,奖金的数额根据甲方效益和乙方绩效确定。

(三)薪金调整机制

员工薪金可能在发生如下情形时调整。

1.岗位薪金常规调整,即指公司根据经营业绩情况,社会综合物价水平的较大幅度变动相应调整员工岗位薪金。

2.公司根据员工的工作业绩和工作能力进行奖励性薪金晋级,其对象为在经营活动中为公司创利成绩显著者,在促进企业经营管理、提高经济效益方面成绩突出者。

五、保险福利及假期规定

(一)法定节假日和带薪年休假

1.法定节假日

法定节假日放假安排,参照国务院办公厅关于部分节假日安排的通知。

法定节假日公司一般不安排加班。如果确需安排加班的,须由厂长特批,公司支付加班员工300％的工资报酬。

2.带薪年休假

(1)在公司工作满1年的,可享受带薪年休假。

(2)员工累计工作满1年不满10年的,年休假为5天;已满10年不满20年的,年休假为10天;已满20年的,年休假为15天。

(3)年休假限当年使用,期满未使用者,按其法定工作日工资的300％标准予以结算。

(4)年休假以1天为使用起点。

(5)员工使用年休假应考虑工作安排,提前向部门负责人提出申请,批准后方可使用,否则无效。

(二)婚假

1.依照国家相关法律规定,男25周岁以下,女23周岁以下,合法初婚的员工可享有3天婚假;晚婚的员工可享有10天婚假(含双休日)。

2.员工需提前半个月持结婚证书向本部门主管申请婚假。

3.原则上,员工婚假应该在领取结婚证后三个月内一次性使用。

(三)丧假

1.员工的父母、公婆、岳父母、配偶、子女死亡时,享有3天丧假;祖父母、外祖父母死亡时,享有2天丧假;兄弟姐妹死亡时,享有1天丧假。

2.亲属在外省市的,根据需要另行给予路程假,交通费用自理。

3.员工请丧假需提供相关的死亡证明。

(四)产假

1.女员工产假为98天,难产的,增加产假15天。晚育女员工产假为128天,难产的,增加产假15天。产假工资按国家相关规定执行。

2.公司允许女员工享有两个月的产前假,工资按80％计发。

3.男员工配偶晚育,男员工享有晚育护理假3天。

4.有不满一周岁婴儿的女员工,公司在劳动时间内给予其两次哺乳(含人工喂养)时间,每次三十分钟,可以合并使用。

5.产前检查由人事部批准享受半天公假。

6.根据《女职工劳动保护特别规定》之规定,女职工怀孕未满4个月流产的,享受15天产假;怀孕满4个月流产的,享受42天产假。

7.凡女职工计划生育(装、取节育环),依医院计划生育门诊开具的病假天数为准,给予休假(最多2天)。

六、奖励和纪律处分

(一)奖励

1.有下列情形,公司将予以奖励:

(1)为公司创造显著经济效益;

(2)为公司挽回重大经济损失;

(3)为公司取得重大社会荣誉;

(4)改进管理成效显著;

(5)培养和举荐人才。

2.奖励分为年度特别奖和不定期即时奖励,年度特别奖须由员工所在部门推荐、人力资源部审核、总经理批准,奖励方式为授予荣誉称号,颁发奖状、奖金。同时,公司规定管理人员可对员工的业绩表现、工作态度、敬业精神、管理创新等给予即时奖励。

3.员工在公司服务满十周年,将获得由总经理签发的荣誉证书及纪念品。

(二)纪律处分

1.纪律是获得成功和胜利的保证。一流的管理,要求员工有一流的遵守纪律的自觉性。规定和规则是必要的,规定和规则使所有员工了解行为规范以及违反规定的后果。在给予纪律处分前,员工会被告知未能符合公司要求的标准或违反了某项规章制度,以便使违纪员工有机会对此事作出说明、申辩。所有的纪律处分程序或合同的解除、终止,均应符合劳动法律和劳动合同。纪律处分包括正式口头警告、书面警告、解聘。

2.正式口头警告。以书面形式确定,其副本放在个人档案中,保存一年。

员工有包括但不限于以下情形的,予以正式口头警告:

(1)工作时间睡觉或表现懒散,擅离工作岗位或未经许可在工作时间处理私人事务;

(2)在非公司规定的时间和场所进餐或未经公司允许,将食品或饮料带入工作场所;

(3)违反公司仪容仪表规定;

(4)故意不完成公司及主管交给的工作;

(5)擅自迟到、早退和旷工;

(6)工作时间干扰其他员工的工作情绪和工作;

(7)犯有任何可能危害其他员工和客户的错误行为或失职情况;

(8)不能胜任工作或缺乏效率;

(9)擅自进入禁区;

(10)由于疏忽和大意造成员工个人受伤或导致公司的财产受损,损失低于三千元;

(11)不经检查或擅自卸载防病毒程序而造成病毒传播,工作用机系统瘫痪或他人用机系统瘫痪。

3.书面警告。对于较严重的或重复的损害及不良行为,或连续表现差的员工,将会受到书面警告。该类警告的副本存在个人档案中,并保存一年。两次书面警告将被解聘。员工有包括但不限于以下情形的予以书面警告:

(1)故意不服从或不按公司制度和安全生产操作程序工作;

(2)由于疏忽和大意造成员工个人受伤或导致公司的财产受损,损失超过三千元;

(3)不及时向上级报告个人受伤和事故;

(4)将公司财产(办公用品,报表)带出公司;

(5)泄露不应向其他人说明的管理级会议内容;

(6)累计两次正式口头警告;

(7)道德行为不合社会规范,影响公司声誉;

(8)擅自进入他人信箱,窃取他人机密资料或侵犯他人隐私,情节轻微,未造成严重后果;

(9)未经允许,擅自安装计算机系统服务器软件、网络监控软件或网络硬件设施,造成公司网络无法正常运作。

4.解聘。对于严重的重复违规或表现差的员工可能会予以解聘,所有的解聘都会书面通知并遵循国家的有关法律。作为立即解聘的员工,公司将不再考虑任何的通知期。员工有包括但不限于以下情形的,予以解聘:

(1)连续旷工七日或累计旷工满十五日;

（2）违反治安处罚法的规定，受到处理的；

（3）寻衅滋事，打架斗殴；

（4）盗窃公司或同事财物或未经批准挪用公司钱财，查证属实；

（5）一年中受书面警告处分两次；

（6）有较大工作失误，给公司造成五千元以上损失，或损毁公司重要文件；

（7）故意损毁公司财物，损失超过五千元；

（8）虚报个人资料或故意填报不正确的个人资料；

（9）以任何手段侵占公司财物（如：伪造或虚填报销单、收据等）；

（10）擅自篡改记录或伪造各类年报、报表、人事资料等；

（11）蓄意煽动员工闹事或怠工；

（12）伪造申请或提供不真实的资料，欺骗性请假休息；

（13）接受承包商或供应商的礼品或任何财务方面的利益，造成恶劣影响或侵害公司利益；

（14）不立即报告任何严重的传染病或故意危害其他员工的健康；

（15）对同事和客户使用猥亵的、污辱性的语言（如性骚扰）；

（16）在工作以外刑事犯罪，不论这罪行是否与其工作有关，公司保留终止聘用该员工的权利。在犯罪审查过程中，公司保留在审判结束之前暂停支付其薪水的权利。一旦收审或被捕，公司有权将其解聘；

（17）其他任何不诚实、不忠诚和有意做错的行为，可能会导致立即被解聘。

七、培训、考核与发展

（一）培训与发展

1.公司管理层以为员工提供可持续发展的机会和空间为己任。在公司，员工勤奋的工作除可以获得薪金、享有福利以外，更可以得到公司适时提供的大量培训和发展机会。

2.培训为公司完成经营目标、提高绩效、实现事业发展提供人力资源的保证。培训是员工胜任职责、提升自我、开发潜力、拓展职业的途径。

（二）培训形式

培训形式主要包括：委外培训、内部培训、自我学习、双向交流。

1.委外培训。为了开拓思维，触发灵感，进一步提高管理水平和业务能力，表现突出的骨干人员可申请或被选送参加外部专业培训机构举办的短期课程。外部专业培训机构包括各种外部教育机构、培训中心所举办的短期培训课程、交流会。

2.内部培训。为了进一步了解公司，适应岗位职责要求，员工可申请或被指定参加公司内部举办的各种培训课程。课程类别主要有管理研修、专业技能训练、职业素养等。

3.自我学习。是指员工自己加强学习，提高修养，不断开发和提高自身能力。员工要善用一切学习资源，以获得进步和发展。

4.双向交流。公司员工为增强工作实感，有可能被指派到工厂去锻炼学习1～6个月，一线工厂骨干人员也有可能被指派到公司技术部联合办公1～3个月，使员工有时间、有精力来总结提炼其丰富的实际操作经验，以利于在公司范围内交流，实现资源共享，同时进一步系统了解公司的运作特点。

（三）内部调动

公司根据工作经营需要以及员工的实际能力（专业、工作、体力），可作适当的临时性调整,这将有利于发挥员工的潜质。当然,这必须事先获得有关部门领导及人力资源部的审批、员工的同意,并完备调离原单位的手续,交接好工作。任何私人协议调动都是公司不允许的,违者将作自动离职处理。

(四)晋升机制

1.人力资源部将经常公布公司内部职位空缺信息,员工可报名或推荐外界人才,由人力资源部及相关部门负责具体协调工作。

2.公司鼓励员工努力工作,在出现职位空缺时,工作勤奋、表现出色、能力出众的员工将优先获得晋升和发展机会;公司在一定程度上执行竞争上岗制度。

3.如果符合下列条件,员工将有机会获得职务晋升的机会,薪金亦会相应增加:具备良好的职业道德;工作绩效显著;个人工作能力优秀;对有关职务工作内容充分了解,并体现出职务兴趣;具备其他与职务要求相关的综合能力;达到拟晋升职务所规定的工作履历要求。

八、人事与劳动关系

(一)劳动合同的签订

为了明确员工和公司彼此的权利和义务,根据劳动法的规定,公司将与员工订立劳动合同。

(二)劳动合同的解除

劳动合同有效期内,如果员工提出辞职或公司对员工予以资遣或辞退,双方按有关规定解除劳动合同。

1.辞职

如果员工因某种原因须离开公司,应提前三十日提出辞职申请。

2.资遣

有下列情形之一者,公司给予资遣:

(1)用人单位向劳动者提出解除劳动合同,并与劳动者协商一致;

(2)劳动者患病或者非因工负伤,在规定的医疗期满后,不能从事原工作也不能从事公司另行安排的工作;

(3)劳动者不能胜任本岗位工作,经过培训或调整工作岗位,仍不能胜任工作;

(4)劳动合同订立时所依据的客观情况发生重大变化,致使劳动合同无法履行,经公司与劳动者协商,未能就变更劳动合同内容达成协议的;

(5)依照破产规定企业进行重组的;

(6)除用人单位维持或者提高劳动合同约定条件续订劳动合同,劳动者不愿意续订的情况外,劳动合同期满,终止固定期限劳动合同;

(7)企业被依法宣告破产的;

(8)企业被吊销营业执照,责令关闭、注销或者用人单位决定提前解散公司的,根据劳动法的有关规定,给被资遣的员工发放资遣费。

3.辞退

严重违反公司规章制度的员工,人力资源部经过调查并核实后,公司将予以辞退。

4.离职手续

辞职、资遣和辞退经过审批后,离职者须在离职之前完备离职手续,未完备离职手续,擅自离职,公司将按旷工处理。离职手续包括:

(1)处理工作交接事宜;

（2）交还所有公司资料、文件、办公用品、识别卡及其他公物；

（3）退还公司宿舍及房内公物，并到公司后勤部门办理退房手续；

（4）报销公司账目，归还公司欠款；

（5）离职员工档案关系在公司的，应在离职后两个月内将档案转离公司，超过两个月，公司不予保管；

（6）第一负责人或重要岗位管理人员离职，公司将安排离职审计；

（7）如果与公司签有其他协议，按其他协议约定办理；

（8）辞职需要填写辞职表并经用人单位负责人审批，同时提供物品交接清单；

（9）离职手续完备后，公司按劳动合同约定向员工支付最后结算工资；

（10）劳动者办理完工作交接，用人单位依照有关规定，应当向劳动者支付经济补偿金的，在办结工作交接时支付。

（三）劳动合同的终止

有下列情形之一的，劳动合同终止：

（1）劳动合同期满的；

（2）劳动者依法享受基本养老保险待遇的；

（3）劳动者死亡，或者被人民法院宣告死亡，或者宣告失踪的；

（4）用人单位被依法宣告破产的；

（5）用人单位被吊销营业执照、责令关闭、注销或者用人单位决定提前解散的；

（6）法律、行政法规规定的其他情形。

（四）劳动纠纷的处理

劳动合同过程中的任何劳动纠纷，员工可以通过申诉程序向上级负责人或责任机构（工会委员会、人力资源部、劳动争议调解委员会）申诉，公司会根据员工的意愿安排人力资源部或部门负责人与员工进行面谈。

九、员工关系与沟通

（一）公司导向

1.公司一贯提倡良好、融洽、简单的人际关系；同时提倡个人与公司及个人与个人之间的沟通。

2.公司提倡坦诚的沟通与合作，并相信员工在共同工作中会建立真挚的友谊。

（二）沟通渠道

公司人力资源部门及工会委员会作为员工关系与沟通的主要责任机构，将为员工在工作满意度提升、劳动保障、职业心理辅导和申诉处理等方面提供帮助。同时，各级管理人员同样负有相关的责任和义务。

（三）意见调查

公司将通过定期的和不定期的书面或面谈式意见调查，向员工征询对公司业务、管理等方面的意见。员工可完全凭自己的真实想法反馈而无须有任何顾虑。除此之外，员工可主动通过意见箱、员工代表座谈会、职工代表大会等渠道表达自己的想法。这些意见与建议将成为公司在经营管理决策过程中的考虑因素。公司虽不承诺员工的每个想法均能实现，但公司会给员工以相应的答复。

（四）信息沟通

为达到充分沟通的目的，公司定期和不定期地采用邮件、公告板、会议等渠道向员工通报公司近期的经营管理信息。这些信息不仅有助于员工对公司的进一步了解，同时，对这些信息进行分析与判断也是帮助员工个人成长非常好的手段。

（五）申诉程序

1.当员工认为个人利益受到侵犯时，或对公司的经营管理措施有不同意见时，或发现有违反公司各项规定的行为时，可按申诉程序选择适当的申诉渠道向公司申诉（见下图）。申诉方式可选用面谈和书面两种形式。若选用书面方式，申诉书必须署名，否则有关申诉有可能难以得到解决。

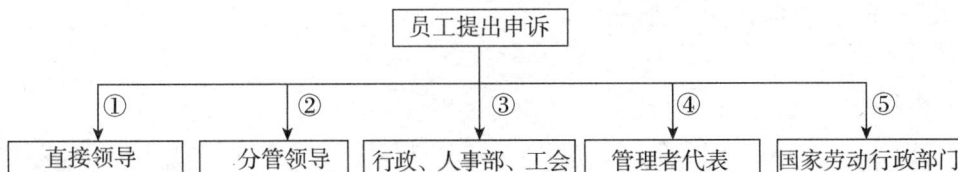

```
              员工提出申诉
    ①        ②      ③        ④          ⑤
  直接领导   分管领导  行政、人事部、工会  管理者代表  国家劳动行政部门
```

2.原则上，员工的各层上级管理人员直至人力资源部、工会委员会甚至总经理或董事长均是申诉对象。但公司鼓励员工采取申诉渠道逐级反映情况；当员工有认为不方便通过申诉渠道①途径申诉时，申诉渠道②③也同样被推荐采用。从解决问题的角度考虑，公司不提倡任何事情都直接向管理者代表或总经理申诉（申诉渠道④），但当员工坚持认为有必要直接向管理者代表或总经理申诉时，仍可以通过电子邮件、信箱以及其他方式直接向管理者代表或总经理申诉。公司希望员工在经过前四种申诉渠道仍没有得到解决的情况下，再向国家劳动行政部门申诉（申诉渠道⑤）。

申诉渠道	具体方法	备注
①	申诉人向其部门直接领导逐级反映情况	最常用
②	申诉人越级给分管领导反映情况	推荐使用
③	申诉人直接向行政、人事部、工会反映情况	推荐使用
④	申诉人以邮件、书信等方式直接向管理者代表反映情况	可以使用
⑤	申诉人对以上诉求结果不服时，可向国家劳动行政部门提出申诉	一般不用

3.各级责任人或责任部门在接到员工申诉后将在申诉事件涉及的相关当事人中进行调查，并根据调查结果尽快做出处理决定。处理决定将通过书面或电子邮件的形式通报给申诉者、单位第一负责人及人力资源部。员工如果对处理决定不满意，仍可以继续向更高一级负责人或部门申诉。

4.无报复承诺：公司承诺员工不会因为任何投诉行为受到打击报复，如果发生被打击报复的情况，请致电管理者代表投诉。且除上图所注明的机构外，也可由工会委员会与人力资源部成员组成的公司劳动争议调解委员会负责受理员工在劳动纠纷方面的申诉。

十、工会委员会

1.工会委员会是代表全体员工的利益并为之服务的机构。工会委员会的委员分布在公司各部门、各工厂，由职工代表投票选举产生。

2.工会委员会由主席、副主席各一名，工会委员五名组成，均为兼职。

3.工会委员会的基本职能是参与、沟通和监督，包括：

（1）参与决定员工福利基金的使用；

（2）参与公司员工文化建设及培训方案的制定；

（3）参与员工薪金、奖金分配方案、劳动用工制度及劳保福利待遇的制定并监督实施过程；

（4）维护员工的合法权益、监督员工医疗保险、失业保险以及养老保险方案的实施；

（5）每年召开一次职代会，不定期组织员工代表座谈会，充分反映员工意见，接受员工为维护自身利益而提出的投诉，并与管理层交涉；

（6）协助组织公司内部的文化、娱乐、体育活动。

十一、员工职务行为准则

（一）基本原则

1.公司倡导守法、廉洁、诚实、敬业的职业道德。

2.员工的一切职务行为，都必须以维护公司利益、对社会负责为目的。任何私人理由都不应成为其职务行为的动机。

3.因违反职业道德而给公司造成经济损失者，公司将依法追索经济赔偿；情节严重或公司怀疑其涉嫌犯罪的，将提请司法机关追究其刑事责任。

4.在员工招聘或任用上，公司倡导举贤避亲及好友回避的原则，为人才提供一个公平的竞争环境；公司内若有亲属关系的员工，相互间应回避从事业务关联的岗位，公司也可以做出相应的岗位调整。

（二）经营活动

1.员工不得超越本职业务和职权范围，开展经营活动。特别要禁止超越业务范围和职权从事投资业务。

2.员工除本职日常业务外，未经公司法定代表人授权或批准，不能从事下列活动：

（1）以公司名义考察、谈判、签约；

（2）以公司名义提供担保、证明；

（3）以公司名义对新闻媒介发表意见、消息；

（4）代表公司出席公众活动；

（5）私借公司印章。

（三）兼职

1.员工未经公司书面批准，不得在外兼任获取薪金的工作。

2.禁止下列情形的兼职：

（1）在公司内从事外部的兼职工作，或者利用公司的工作时间和其他资源从事所兼任的工作；

（2）兼职于公司的业务关联单位或者商业竞争对手；

（3）所兼任的工作构成对本单位的商业竞争；

（4）因兼职影响本职工作或有损公司形象；

（5）主管级及以上员工兼职。

（四）个人投资

员工可以在不与公司利益发生冲突的前提下，从事合法的投资活动，但禁止下列情形的个人投资：

（1）参与经营管理的；

（2）投资于公司的客户或商业竞争对手的；

(3)以职务之便向投资对象提供利益的;

(4)以直系亲属名义从事上述三项投资行为的。

(五)利益

1.员工在经营管理活动中,不准索取或者收受业务关联单位的利益,否则将构成受贿。

2.只有在对方馈赠的礼物价值较小(按公认标准),接受后不会影响正确处理与对方的业务关系、而拒绝会被视为失礼的情况下,才可以在公开的场合下接受。

3.员工在与业务关联单位的交往中,应坚持合法、正当的职业道德准则,反对以贿赂及其他不道德的手段取得利益。未经所在单位负责人书面批准,不得在有可能存在利益冲突的业务关联单位安排亲属、接受劳务或技术服务。

4.员工不得利用内幕消息,在损害公司利益或者处于比公司以外人士较为有利的情况下谋取个人利益。

5.员工不得挪用公款谋取个人利益或为他人谋取利益。

(六)佣金和回扣

员工在对外业务联系活动中,若遇业务关联单位按规定合法地给回扣、佣金的,一律上缴公司作为营业外收入或冲减成本;个人侵吞的,以贪污论。

(七)交际应酬

1.公司对外的交际应酬活动,应本着礼貌大方、简朴务实的原则,不得铺张浪费。严禁涉及违法及不良行为。

2.接待工作,提倡热情简朴,不准以公款搞高标准宴请及娱乐活动。

3.员工在与业务关联单位的联系过程中,对超出正常业务联系所需要的交际活动,应谢绝参加。包括:

(1)过于频繁或奢华的宴请及娱乐活动;

(2)设有彩头的牌局或其他具有赌博性质的活动;

(3)邀请方的目的明显是为了从我方取得不正当利益的活动。

(八)保密义务

1.员工有义务保守公司的经营机密。员工务必妥善保管所持有的涉密文件。

2.员工未经公司授权或批准,不准对外提供标有密级的公司文件,以及其他未经公开的经营情况、业务数据。

(九)保护公司资产

1.员工未经批准,不准将公司的资金、车辆、设备、房产、原材料、产品等擅自赠予、转让、出租、出借、抵押给其他公司、单位或者个人。

2.员工对因工作需要配发给个人使用的交通工具、通信设备等,不准违反使用规定,作不适当之用途。

(十)行为的自我判断与咨询

员工在不能清楚判断自己的行为是否违反本准则时,可按以下方法处理:

1.以该行为能否毫无保留地在公司公开谈论为简便的判断标准。

2.向所在单位人事专员或者公司人力资源部提出咨询。接受咨询的部门应给予及时、明确的指导,并为当事人保密。

十二、其他

1.员工劳动安全:公司应当为员工提供安全的工作环境。

2.保护知识产权政策:员工必须遵守关于保护知识产权的各项政策及规定。

3.权利保障

(1)员工享有法律规定和公司制度赋予的权利,公司对这些权利予以尊重和保障。

(2)对于明显违反《员工手册》的指令,员工有权拒绝执行并有越级上报的责任和权利。

(3)对违反人事管理制度,使员工自身利益受到侵犯的行为,员工有权向公司工会委员会提出申诉以得到公正待遇。

4.批准、修改与解释

(1)本条例经过职工代表大会讨论,与工会平等协商后确定。本条例视实施情况,经职工代表大会讨论,与工会平等协商后可以修改。

(2)本条例未提及事宜,按相关法律法规执行。

(3)本条例的解释权归××有限公司人力资源部,若有不明事项,请向所在单位人事专员或公司人力资源部咨询。